Eine Publikation der
Brandenburgischen
Landeszentrale für
politische Bildung

Plastik „Maurer" von Robert Riehl, erste in Eisenhüttenstadt aufgestellte Skulptur. (Foto: Petra Gall)

Andreas Ludwig

Eisenhüttenstadt

Wandel einer industriellen Gründungsstadt in fünfzig Jahren

Herausgeber:
Brandenburgische Landeszentrale
für politische Bildung
14460 Potsdam

ISBN: 3-932502-24-8

Gestaltung und Realisierung:
LINIE DREI, Berlin

Druck: Druckerei Andreas Arnold,
Potsdam/Großbeeren

Diese Veröffentlichung stellt
keine Meinungsäußerung der
Brandenburgischen Landeszentrale
für politische Bildung dar.
Für inhaltliche Aussagen trägt
der Autor die Verantwortung.

Inhaltsverzeichnis

könnten die Vorstellungen, die die Menschen von ihr hatten, den Kern ihrer Bedeutung ausmachen. Mit Eisenhüttenstadt verbanden sich Hoffnungen auf einen neuen Anfang nach dem Kriegs- und Nachkriegselend, auf Befriedigung grundlegender Bedürfnisse wie Arbeit und Wohnung, für viele darüber hinaus auch auf Verwirklichung ihrer Vorstellungen von einer gerechteren Gesellschaft. Auch ist die Stadt ein melting pot der DDR, in sozialer Hinsicht vergleichsweise egalitär, was Partizipationschancen eröffnete, zugleich aber auch eine gewisse Homogenität des sozialen Milieus und der Anschauungen bedeutete. Eine Stadtgesellschaft also, die sich deutlich von herkömmlichen unterschied.

Die hier vorgelegte Darstellung verweist auf diese Aspekte der Herausbildung der Stadt während der vergangenen 50 Jahre. Aus diesem Grund wurden übergeordnete Entwicklungen und vergleichende Aspekte einbezogen. Andererseits zeigen sich Charakteristika besonders im Detail. Hier mußte eine Auswahl getroffen werden, denn trotz vieler inzwischen bekannter Fakten zur Stadtgeschichte zeigten sich doch zugleich erhebliche Forschungslücken. Die Darstellung stützt sich dabei auf grundlegende Forschungsarbeiten von Jochen Cerny bereits in den 60er Jahren, und auf neuere Untersuchungen von Jenny Richter und anderen, Ruth May, und einer Projektgruppe am Deutschen Historischen Museum unter Leitung von Rosmarie Beier, die für die Darlegung der Entwicklungslinien der Stadtgeschichte unabdingbar waren. Die Verantwortung für die korrekte Darstellung der Inhalte liegt dennoch selbstverständlich allein beim Autor. Jedoch wäre ein Verständnis für die Besonderheiten der inneren Stadtentwicklung ohne die Gespräche mit Erbauern und Bewohnern, von denen hier einige in Form kurzer Interviewpassagen aufgenommen sind, nicht möglich gewesen. Wesentliche Voraussetzung, eine Gesamtdarstellung zu wagen, waren die intensiven Arbeitsprozesse in der Arbeitsgruppe Stadtgeschichte, eines Projekts, das über vier Jahre mit Unterstützung der Robert Bosch Stiftung Stuttgart eine Vielzahl von Aspekten der Geschichte Eisenhüttenstadts untersucht hat. Zuletzt sei allen gedankt, die die eigenen Untersuchungen des Verfassers durch Zurverfügungstellung von Quellenmaterial unterstützt haben: in Eisenhüttenstadt dem Stadtarchiv, der Statistikstelle und dem Städtischen Museum, dem Ullstein Pressearchiv Berlin, der Stiftung Archiv der Akademie der Künste, den Fotogafen und Bildarchiven.

Die Landeszentrale für politische Bildung macht durch ihr Interesse für die ebenso kritische wie unabgeschlossene Geschichte diese noch weitgehend synthetische Stadt zum Gegenstand ihrer Bildungsarbeit und greift damit in anhaltende politische, soziale und mentale Prozesse ein. Angesichts der anhaltenden Unsicherheit über die künftige Entwicklung Eisenhüttenstadts als Gemeinwesen sei für dieses Engagement ausdrücklich gedankt.

1. Vorgeschichte
Das unterentwickelte Land

Als das Eisenhüttenkombinat Ost und seine Wohnstadt, das spätere Eisenhüttenstadt, 1950 gegründet wurden, entstanden beide in einer wirtschaftlich wenig entwickelten Region. Größere Siedlungen und Städte waren weit gestreut, am nächsten die Stadt Fürstenberg an der Oder, dann jeweils etwa 25 Kilometer entfernt nördlich Frankfurt an der Oder, südlich Guben, beides regionale Zentren seit dem hohen Mittelalter. Bereits weiter entfernt lagen die Industriestadt Fürstenwalde und schließlich das alles dominierende Berlin in gut 100 Kilometer Entfernung. Wirtschaftlich dominierten Land- und Forstwirtschaft, verstreut lagen kleinere Industriebetriebe, ländliches und städtisches Handwerk waren verbreitet, ohne jedoch in ihrer überwiegenden Mehrheit eine über die lokale Versorgung hinausgehende Bedeutung erlangt zu haben.

Die Umgebung des späteren Eisenhüttenstadt gehörte eindeutig zu dem, was in der Geschichte Preußens als „Ostelbien" bezeichnet wird, ein Begriff, der wirtschaftliche Unterentwicklung, Bevölkerungsüberschuß, politische Zurückgebliebenheit, fehlendes Bürgertum suggeriert. Besonders Berlin zog Arbeitskräfte an, machte Gewerbe- und Industriebetriebe zu Zulieferern seiner Industrie, die Landwirtschaft war auf die Versorgung der Millionenstadt ausgerichtet, die Bevölkerung wanderte in das entwickelte Zentrum ab. Jahrhundertelang war die Region um Fürstenberg zudem gewerblich wenig entwickelt. Die Historikerin Helga Schultz bezeichnet dies als doppelt periphere Lage – zu Berlin und zu den gewerblichen Entwicklungszentren generell.[1] 1950, im Jahr der Gründung von Kombinat und Stadt, war noch eine dritte periphere Lage hinzugekommen, die Lage an der deutsch-polnischen Grenze.

Hier also wurde der größte eisenschaffende Betrieb der DDR und die dazugehörige neue Stadt gegründet. Die Legende besagt, daß dort zuvor nur Sand und Kiefern gewesen seien,[2] jedoch trifft dies nur in Teilen zu. Ein Blick zurück in die Geschichte zeigt die Details einer insgesamt wenig spektakulären Entwicklung vor der Mitte des 20. Jahrhunderts.

1.1. Rückblick auf Fürstenberg

Die Geschichte Eisenhüttenstadts vor 1950 ist die einer randständigen Region.[3] Das Gebiet um Fürstenberg war nach Abzug des germanischen Stamms der Burgunden im 4. Jahrhundert n. Chr. von allem von slawischen Stammesgruppen besiedelt. Im 10. Jahrhundert geriet die Region um die Neißemündung unter den Einfluß der polnischen Piasten, doch zugleich begann die Ostexpansion des deutschen Feudalstaates. Unter Kaiser Otto I. (936-973) wurde das Gebiet zwischen Elbe und Oder erobert und zur Sicherung in Marken eingeteilt: die Mark Brandenburg, die Mark Meißen und die Ostmark, auch Mark Lausitz genannt. Damit entstand eine politisch-geographische Einteilung, die über Jahrhunderte bestimmend geblieben ist. Das Gebiet um Fürstenberg lag an der Grenze zwischen der Mark Brandenburg und der Lausitz, zu der es schließlich gehörte. Die Lausitz war zu Beginn des 11. Jahrhunderts polnisch, zu Beginn des 12. Jahrhunderts stand sie unter Herrschaft des Askanischen Markgrafen von Brandenburg. Erst ab dieser Zeit zeigte sich eine forcierte Entwicklung, in der u.a. frühstädtische Siedlungen entstanden, so zum Beispiel in Guben.

Der eigentliche Landesausbau begann schließlich im 13. Jahrhundert. In der Lausitz war es der Wettiner Markgraf Heinrich der Erlauchte (1218-1288), der Guben 1235 das Stadtrecht verlieh. Das Gebiet nördlich von Guben war Grenzgebiet. Die Gründung der Stadt Fürstenberg zur Sicherung dieses Gebiets und die Gründung des Klosters Neuzelle 1268 sind in diesem Zusammenhang zu sehen. Fürstenberg ist zuerst 1286 urkundlich erwähnt, jedoch fehlt eine Gründungsurkunde und seine Entstehung wird in die Zeit unmittelbar nach Sicherung des Herrschaftsgebietes, also um 1250, vermutet.[4] Fürstenbergs Lage am Steilufer der Oder machte die Stadt gegen Osten militärisch sicher. Der Name der heutigen Wallstraße und ihr halbrunder Verlauf lassen auf das Vorhandensein einer Stadtbefestigung schließen, der rechteckige Charakter der Straßenzüge auf eine geplante Ansiedlung, ein „Kolonialschema".[5] Mit diesen aus der zweiten Hälfte des 13. Jahrhunderts stammenden Zusammenhängen waren die Parameter für die weitere Entwicklung des Gebiets bis 1815 festgeschrieben: Fürstenberg lag im nordöstlichsten Zipfel der Niederlausitz und wurde politisch von dort bestimmt.

Die Entwicklung Fürstenberg war maßgeblich von den politischen und wirtschaftlichen Rahmenbedingungen beeinflußt, die es die meiste Zeit eher benachteiligten als beförderten. Die Lausitz gehörte nacheinander den brandenburgischen Askaniern (1304-1307), den sächsichen Wettinern (1307-1348), den böhmischen Luxemburgern (1348-1526), den Habsburgern, und kam schließlich ab 1635 zu Kursachsen. Wie sich die Besitzverhältnisse auch entwickelten, die Region lag von den jeweiligen Herrschaftszentren Berlin, Dresden, Wien und Prag immer weit entfernt. Die landesherrliche Gewalt war hier weit und griff nur gelegentlich in die Verhältnisse vor Ort ein. Am ehesten ist noch der böhmische Herrscher, der Deutsche König und Kaiser Karl IV. (1346-1378) zu nennen, der ab 1370 versuchte, mit dem Erwerb der Niederlausitz eine systematische Politik des Landesausbaus in Gang zu setzen.

In der näheren Region hatte das Zisterzienserkloster Neuzelle das Sagen. Bei seiner Gründung 1268 erhielt das Kloster acht Dörfer zur Ausstattung. Durch Zukauf aus adeligem, aber auch Gubener Besitz wurde das Stiftsgebiet erheblich erweitert und die Zahl der Klosterdörfer stieg bis auf 33 im Jahre 1593 an. Auch Fürstenberg gehörte zumeist dem Kloster: 1316 bis 1370 sowie ab 1406 bis 1817. Eine städtische Selbstverwaltung konnte sich unter diesen Umständen wechselnder Landesherrschaft und örtlicher Dominanz durch das Kloster nicht durchsetzen. Auch wurde die Entwicklung von Stadt und Region immer wieder durch kriegerische Auseinandersetzungen und Katastrophen zunichte gemacht. Der Hussiteneinfall 1429 war erst ein Beginn. Im Dreißigjährigen Krieg (1618-1648) wurde die Stadt mehrfach von schwedischen und kaiserlichen Truppen geplündert und niedergebrannt. Hinzu kamen Feuersbrünste, besonders der sogenannte Gallusbrand im Jahre 1640, bei dem nur ein einziges Haus unversehrt blieb. Im Jahre 1610 gab es in Fürstenberg 250 Häuser. Nach den Plünderungen und Brandschatzungen des Dreißigjährigen Krieges waren es im Jahre 1640 nur noch vierzig. Einhundertfünfzig Jahre später, am Ende des 18. Jahrhunderts, zählte Fürstenberg 1275 Einwohner (1788) und 213 Häuser (1792) und erst um 1800 wurde die vor dem Dreißigjährigen Krieg gezählte Bevölkerungszahl wieder erreicht.

Ab der 2. Hälfte des 18. Jahrhunderts werden die Quellen über Fürstenberg und seine Umgebung dichter. Wichtigste ist dabei der sogenannte Neuzeller Stiftsatlas aus dem Jahre 1758/59[6], der das Stift, die Stadt Fürstenberg und die 35 Klosterdörfer kartographisch präzise erfaßt und die wirtschaftliche Topographie der einzelnen Dörfer genau aufzeichnet. Als 1810 eine Übersicht über die Stadt erarbeitet wurde, wurden 252 Häuser mit 1400 Einwohnern gezählt. Hauptnahrungsquelle war die Landwirtschaft, jedoch gab es in Fürstenberg zugleich 224 Handwerksmeister und 56 brauberechtigte Häuser. Über die Oder führte eine der Stadt gehörende Fähre.

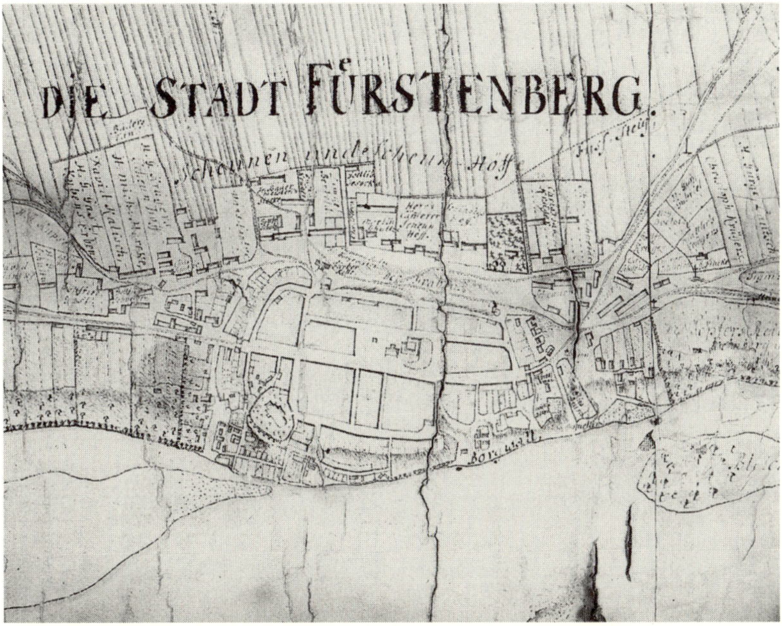

„Stadtfelder von Fürstenberg auf der Höhe", L. A.Grundt, 1755-1756[7]

Mit dem Jahr 1815 trat ein grundsätzlicher Wandel in der historischen Entwicklung des Fürstenberger Gebiets ein. Nach dem Ende der Napoleonischen Zeit und den Ergebnissen des Wiener Kongresses wurde die Niederlausitz preußisch und gehörte der neugeschaffenen Provinz Brandenburg sowie dem Regierungsbezirk Frankfurt/Oder an. Das Kloster Neuzelle wurde 1817 säkularisiert und ging damit aller Herrschaftsrechte, auch über Fürstenberg, verloren. Die preußischen Reformen wurden auf die neugewonnenen Gebiete übertragen und die Regierung verfolgte systematisch Pläne zum Landesausbau, die auch Fürstenberg zugute kamen. Hierzu gehörten der Ausbau und die Eindeichung der Oder, die Anlage des Oder-Spree-Kanals, der Eisenbahnbau und, von minderer Bedeutung, der Straßenbau. Dadurch wurden Schritt für Schritt die Voraussetzungen für eine Industrialisierung der Stadt geschaffen. Herausragende politische Ereignisse sind in der Fürstenberger Geschichte des 19. Jahrhunderts nicht auszumachen und so macht es Sinn, sich vor allem den langfristigen Strukturwandel vor Augen zu führen, den die Stadt in dieser Zeit durchlief.

Entscheidend für die Entwicklung der Stadt war immer die Lage am Fluß. Fürstenberg war Schiffsliegeplatz für den Fernverkehr auf der Oder zwischen Schlesien, Berlin und den Seehäfen. Doch entwickelte sich die Schiffahrt aus politischen Gründen und natürlichen Gegebenheiten nur zögernd. Für Fürstenberg entscheidend war der Bau des Oder-Spree-Kanals 1886-1891, der bei Fürstenberg in die Oder mündete. Durch ihn wurde die Stadt zum Knotenpunkt der Oderschiffahrt.[8] Lebten zuvor schon Schiffseigner in der Stadt und bestand eine Schiffs- und eine Reparaturwerft, so wurden nach Eröffnung des Kanals zwei weitere Werften gegründet. Im Jahre 1905 zählte man fünf Dampfschiffreedereien mit 11 Dampfern. 1930 lebten in Fürstenberg 500 Schifferfamilien, 1937 gab es hier vier Schiffbaubetriebe, zwei Eisengießereien, acht Schiffahrtsgesellschaften und Reedereien. Hier gab es Winterliegeplätze für Oderkähne, doch waren die Lebensbedingungen für die Schiffer hart: 1910 lebten in Fürstenberg 165 Schifferfamilien in Zelten, Hütten oder auf ihren Booten. Dennoch stellte sich die Stadt langsam auf die Schiffahrt ein: Um 1900 wurde ein Schifferkinderheim als katholische Stiftung errichtet und eine Schifferschule als obligatorische Fortbildungsschule gegründet.

Um die zahlreichen kleinen Schiffseigner konkurrenzfähig zu halten, gründete sich bereits in den 1870er Jahren in Fürstenberg eine Schiffergenossenschaft. Später verlegte die „Dampfergenossenschaft Deutscher Strom- und Binnenschiffer" ihren Sitz hierher. Man mietete Hafenanlagen an, betrieb eine eigene Werft und Schmiede, ein Lagerhaus und einen Kohlenbunker, kaufte eigene Schleppdampfer.

Wesentlich für Fürstenbergs wirtschaftliche Entwicklung war die Möglichkeit eines Übergangs über den Fluß. Bereits zur Zeit Kaiser Karls IV. wurde vermutlich eine Brücke über die Oder erbaut. Reste dieser hölzernen Konstruktion wurden 1859 und 1890 ausgegraben. Ansonsten wurde der Verkehr über den Fluß mittels einer Fähre bewältigt, deren Existenz erstmals 1335 erwähnt ist. Ab 1871 bemühte sich die Stadt intensiv um den Bau einer Oderbrücke.[9] Sie kam jedoch aufgrund von Finanzierungsproblemen erst unmittelbar vor dem Ersten Weltkrieg zustande und wurde 1919 eröffnet. Die Oderbrücke stand nur gut 25 Jahre. In der Endphase des Zweiten Weltkrieges wurde sie am 4. Februar 1945 von deutschen Pionieren gesprengt, um den Vorstoß der Roten Armee über die Oder zu verhindern. Planungen zu einer neuen Oderbrücke nahmen vor einigen Jahren erneut Gestalt an. Um den rasch anwachsenden Ost-West-Verkehr auf der Straße besser verteilen und zugleich die Wirtschaft in der Region fördern zu können, wurde das Projekt eines „Industrieparks Oderbrücke" entwickelt, der einen Flußübergang vor allem für LKWs nördlich von Eisenhüttenstadt vorsah. Das Projekt wurde in den Bundesverkehrswegeplan aufgenommen, jedoch hat es keine Dringlichkeit. Auch fehlen auf polnischer Seite die notwendigen leistungsfähigen Straßenverbindungen, so daß an eine Verwirklichung nicht in näherer Zukunft gedacht werden kann.

Mitte des 19. Jahrhunderts begann auch in Fürstenberg die Industrialisierung. Der Beginn war der Braunkohlenbergbau um Schönfließ. Nachdem 1847 erstmals im Forst von Siehdichum Kohle gefunden worden war, gründeten mehrere Eigner die Grube „Präsident" bei Schönfließ. Weitere Schachtanlagen folgten in den folgenden Jahrzehnten. Unmittelbare Auswirkung des Braunkohleabbaus war die Überformung des zuvor landwirtschaftlich geprägten Dorfes Schönfließ selbst. Aber auch Fürstenberg wurde einbezogen. 1880 wurde ein Bahngleis von der Grube zum Fürstenberger Bahnhof gelegt, 1883 eine Brikettfabrik errichtet, und auch die Eröffnung einer Anilinfabrik steht vermutlich in Zusammenhang mit dem Kohlevorkommen, am neu entstandenen Oder-Spree-Kanal wurde ein Kohlehafen angelegt. Mit der Erschließung weiterer Kohleabbaugebiete, zunächst in Finkenheerd, später des viel ertragreicheren Senftenberger Reviers, wurde die Schönfließer Kohle unrentabel. 1927 wurde die Grube Präsident geschlossen, die Brikettfabrik stillgelegt. Dennoch blieb das Kohlevorkommen auch später noch von Bedeutung: die Kohleförderung wurde nach dem Zweiten Weltkrieg kurzzeitig wieder aufgenommen, die sogenannte Kohleabbaugrenze verlief mitten durch das spätere Stadtgebiet von Eisenhüttenstadt und wurde zum Streitpunkt bei der Planung der Neustadt und ihrer Erweiterungen. Lange Zeit wesentlichster Industriebetrieb Fürstenbergs war jedoch die Glashütte. 1864 eröffnet, stellte sie später Lampenglaskörper für den Export her. 1925 gab es in der Stadt 1250 Glasarbeiter bei damals gut 7000 Einwohnern.

Waren die Wasserwege für die Infrastruktur Fürstenbergs von entscheidender Bedeutung, so galt das für andere Verkehrswege weniger. 1846 hatte Fürstenberg mit dem Bau der Bahnstrecke Berlin-Frankfurt-Breslau einen Eisenbahnanschluß erhalten und war der Bahnhof 1848 fertiggestellt worden. Die Bahn ermöglichte die Gründung der Glashütte und förderte die Industrialisierung ganz erheblich. Der einige hundert Meter von der Stadt entfernte Bahnhof bildete die Richtung der Stadterweiterung gegen Ende des 19. Jahrhunderts, als die Bevölkerung sich binnen weniger Jahrzehnte verdoppelt hatte.

Bedingt durch die fortschreitende Industrialisierung durchlief Fürstenberg eine für die Zeit allgemeine Urbanisierungsphase – die Stadt wuchs und entwickelte eine differenzierte Binnenstruktur. Die Bevölkerung, die um 1800 1370 Personen betragen hatte, stieg konstant: 1816 zählte man 1454 Einwohner, 1846 knapp 2000, 1864 dann 2500, 1890 bereits 5000, zur Jahrhundertwende 5700 und 1923 7000.[10] Neben dem reinen Bevölkerungswachstum wurde auch die Ausstattung mit Einrichtungen der kommunalen Infrastruktur ab dem späten Kaiserreich verbessert: ein zweites Schulhaus wurde 1898 gebaut und 1915 erweitert, die Gasanstalt 1903 in Betrieb genommen, die Hauptstraße 1911 gepflastert.

Grundlage jeder kommunalen Entwicklung auch in Fürstenberg war die wirtschaftliche Entwicklung. Man wollte die infrastrukturellen Voraussetzungen nutzen, um Fürstenberg zum Industriestandort auszubauen.

Zwar gelang die Ansiedlung einer zweiten Glashütte im Jahre 1922, blühte weiterhin die mit der Schiffahrt verbundene Wirtschaft, doch rief die schwierige wirtschaftliche Lage auch Betriebsschließungen hervor: Die Neue Glashütte mußte bereits 1929 wieder schließen, eine Korbwarenfabrik hielt nur kurze Zeit durch, die Brikettfabrik machte nach der Schließung der Schönfließer Kohlegruben Bankrott. So erscheint die Zeit zwischen den Weltkriegen insgesamt eher von einem wirtschaftlichen Stillstand geprägt und erst später hatten die Bemühungen der Stadt um eine Industrieansiedlung Erfolg – allerdings mit katastrophalen Folgen.

1.2. Rüstungsindustrie und Krieg

Der Zweite Weltkrieg brachte für Fürstenberg einschneidende strukturelle Veränderungen mit sich, die erst in jüngster Zeit intensiv erforscht wurden.[11] Es entwickelte sich binnen weniger Jahre eine auf Zwangsarbeit beruhende Rüstungsindustrie. Kurz nach Beginn des Krieges, am 6. Dezember 1939, wurde das für 10 000 Insassen ausgelegte Kriegsgefangenenlager M Stalag III B nach Fürstenberg verlegt. Polnische, seit 1940 französische Kriegsgefangene waren die ersten Lagerinsassen. Mit Beginn des Krieges gegen die Sowjetunion wurde das Lager erheblich erweitert. Schließlich bestanden im Fürstenberger Lager 34 Mannschaftsbaracken. Die Gefangenen wurden innerhalb des Lagers getrennt und unterschiedlich behandelt, Berichte über schlechte Ernährung, ansteckende Krankheiten, ungenügendes Heizmaterial charakterisierten das Lagerleben.[12] Während Angehörige westlicher kriegführender Nationen Rot-Kreuz-Pakete mit Zusatzrationen in Empfang nehmen durften, wurde die Arbeitskraft vor allem der sowjetischen Gefangenen rigoros ausgebeutet. Eine massive Überbelegung kam hinzu, bis zu 44.000 Kriegsgefangene aus der Sowjetunion, den USA, Polen, Frankreich, den Niederlanden, Belgien, Rumänien, Jugoslawien, der Tschechoslowakei und Großbritannien waren hier gleichzeitig zusammengepfercht. Die Kriegsgefangenen wurden in etwa 100 Betrieben der Region zur Zwangsarbeit verpflichtet – von kleinen bäuerlichen Wirtschaften bis hin zu Industriebetrieben. Nach Kriegsende wurden in der Nähe des Lagers Massengräber gefunden, in denen die Leichen von 4112 Gefangenen lagen, die meisten aus der Sowjetunion. Anfang Januar 1945 befanden sich noch knapp 7700 Gefangene im Lager. Am 5. Februar 1945 wurde die Räumung befohlen und zumindest ein Teil Gefangenen über Lieberose in das Stalag III A in Luckenwalde geführt, wo sie durch die Rote Armee im April 1945 befreit wurden.

Mit dem Kriegsgefangenenlager war ein Arbeitskräftepotential vorhanden, das von der sich ansiedelnden Rüstungsindustrie ausgenutzt wurde. Im November 1939 hatte sich die Geschäftsleitung der in Frankfurt am Main ansässigen Degussa an den Fürstenberger Bürgermeister gewandt, um die Bedingungen für die Ansiedlung eines Zweigbetriebs zu erkunden: „Die Scheideanstalt (Degussa, d.Verf.) ist genötigt, sich nach einem großen Industriegelände in der Nähe eines grossen Kraftwerks umzusehen ... Es handelt sich um Fabrikationen, die zurzeit im Westen des Reiches an Stellen betrieben werden, die in wehrwirtschaftlicher Beziehung ungünstig liegen und für die ... Ausweichfabrikationsstätten in wehrwirtschaftlich günstiger Lage geschaffen werden müssen."[13] Im April wurde der Kaufvertrag abgeschlossen und der Betrieb im Bogen des Oder-Spree-Kanals und an der Bahnlinie errichtet. Nach einer internen Konzeption sollten bis Ende 1941 in einer ersten Ausbaustufe Produktionsstätten für Chemikalien, die u.a. zur Sprengstoffherstellung benötigt wurden, errichtet werden. In einer späteren Ausbaustufe wurde mit einem Bedarf von 1000 Arbeitskräften kalkuliert, worunter 800 oder mehr aus Fürstenberg und Umgebung kommen sollten. So viele Industriearbeitskräfte ließen sich in Fürstenberg nicht ohne weiteres finden. Es ist deshalb zu vermuten, daß von Anfang an mit Arbeitskräften aus dem Stalag III B gerechnet wurde. Mit dem Arbeitsamt Fürstenberg wurde über die Überlassung von Kriegsgefangenen verhandelt. Die Degussa beschäftigte im November 1943 neben 373 ausländischen Zivilarbeitskräften auch 297 Kriegsgefangene.[14] Bis Kriegsende ging nur die Formaldehyd-Herstellung in Produktion. Hinweise, daß im Fürstenberger Werk der Degussa auch Stoffe zur Herstellung von Zyklon B gefertigt worden seien, lassen sich nicht bestätigen. Die Fabrik wurde 1945/46 demontiert und 1947 abgetragen.

Brandenburg wurde während des zweiten Weltkrieges zunehmend zum Verlegungsraum der Rüstungsproduktion, teils aus den westlichen Teilen Deutschlands, die für Luftangriff der Alliierten anfällig waren, teils aus Berlin. In einer Übersicht des Wehrwirtschaftskommandos Frankfurt/Oder aus dem Jahre 1943 wurde der Stand der nach Fürstenberg ausgelagerten Rüstungsbetriebe festgehalten.[15] Danach bestand dort eine Fertigungsstätte der Argus-Motorenwerke Berlin-Reinickendorf und ein Betrieb der Rheinmetall-Borsig AG. Geht man diesem Hinweis näher nach, so läßt sich nach heutigem Kenntnisstand folgendes festhalten: Rheinmetall-Borsig hatte 1940 nördlich der Straße zwischen Fürstenberg und Schönfließ unter dem Namen „Oder-Gerätebau AG" einen Zweigbetrieb seines Gubener Werks errichtet, in dem Bordwaffen für Flugzeuge hergestellt wurden. Der Betrieb wurde im Februar 1945 durch Kriegseinwirkung zerstört. Eine zweite Fertigungsstätte von Rheinmetall-Borsig lag in der sogenannten Neuen Glashütte. Dort befand sich die Betriebsverwaltung und es wurden Waffensystemteile gefertigt. Ein weiteres Werk für die Fertigung von Gewehrläufen war geplant. Während sich über den oben genannten Auslagerungsbetrieb der Argus-Motorenwerke nichts näheres aussagen läßt, findet sich der Hinweis auf einen weiteren Betrieb zur Demontage und Sortierung von Flugzeugschrott, der dann in einer im nahegelegenen Finkenheerd bestehenden Aluminiumhütte umgeschmolzen wurde.

Aufgrund der Ende der dreißiger Jahre erkennbaren Engpässe bei der Energieversorgung planten die in Staatsbesitz befindlichen Märkischen Elektrizitätswerke den Bau eines auf Braunkohleverstromung ausgerichteten Kraftwerks an der Oder. 1941 begonnen, sollte das Kraftwerk in einer ersten Ausbaustufe im Frühjahr 1945 fertiggestellt sein, jedoch kam es nicht mehr zur Produktion von Strom, da das Kraftwerk im Februar 1945 von sowjetischen Truppen erobert worden war. Zum Bau wurden sowohl Kriegsgefangene aus dem Stalag III B eingesetzt, als auch KZ-Häftlinge, für die in eigenes Außenlager des KZ Sachsenhausen auf dem Baugelände errichtet wurde.

Der Einsatz von KZ-Häftlingen in der Fürstenberger Industrie ist bislang nur fragmentarisch zu rekonstruieren. Neben dem sogenannten MEW-Lager an der Kraftwerksbaustelle wurden zwischen 150 und 350 jüdische KZ-Häftlinge in dem bereits erwähnten Demontagebetrieb für Flugzeugschrott eingesetzt. Aus Situationsberichten der Rheinmetall-Borsig vom Sommer 1944 geht hervor, daß der notwendige Arbeitskräftebedarf des Fürstenberger Betriebes „weiterhin aus weiblichen KZ-Häftlingen gedeckt" wird. Die Häftlinge wurden in der Neuen Glashütte untergebracht. Aus der Verwaltung des KZ Sachsenhausen sind Stärkemeldungen der einzelnen Außenlager erhalten. Für Fürstenberg wurde das 31. Außenlager mit einer Stärke von 50 Insassen im Oktober 1944 gemeldet, wobei nicht eindeutig klar ist, um welches der Lager es sich handelte. Aus den Stärkemeldungen wird deutlich, daß die Außenlager offensichtlich ständig mit arbeitsfähigen Häftlingen versorgt wurden, während „arbeitsunfähige" Häftlinge in das Stammlager zurückgeführt wurden.

Mit dem bevorstehenden Kriegsende stieg die Zahl der in Fürstenberg untergebrachten KZ-Insassen stark an. Ende Dezember 1944 wurden knapp 200 Häftlinge gezählt, im Januar 1945 waren es bis zu 650, wahrscheinlich Verlegungen aus anderen Lagern in der Nähe der herannahenden Front. Die Außenlager des KZ Sachsenhausen wurden ab 1. Februar 1945 geräumt. Die einzige Aussage zu den Ereignissen während der letzten Kriegswochen stammt von einem SS-Mann, der berichtete, daß er am 18. oder 20. Februar 1945 mit einer 149 Mann starken Gruppe aus dem Fürstenberger Außenlager in Sachsenhausen eingetroffen sei und sämtliche Häftlinge dort ermordet worden seien.

Fürstenberg war durch die Rüstungswirtschaft binnen weniger Jahre zu einem Industriestandort herangewachsen, dessen Bedeutung, geht man nach den Planungen, noch erheblich gesteigert werden sollte. Inwieweit diese „zweite Industrialisierung", neben dem massiven Einsatz von Kriegsgefangenen, ausländischen Zivilarbeitern und KZ-Häftlingen, auch die einheimische Bevölkerung betraf, ist noch nicht geklärt. Ehemalige Glasarbeiter wurden offensichtlich eingestellt, bei Rheinmetall Borsig seien

Frauen im Dienstpflichtjahr eingesetzt gewesen, in der Verwaltung des Betriebes vorwiegend Fürstenberger. Spezialisten jedenfalls wurden aus den Stammbetrieben geholt und für sie eigens Wohnhäuser errichtet.

Mit Kriegsende löste sich das Fürstenberger Lager-System schlagartig auf, die Rüstungsbetriebe wurden geräumt, von der Sowjetischen Besatzungsmacht demontiert und schließlich überwiegend gesprengt.

2. Zwischen Krieg und Aufbau

2.1. „Es wird Ihnen verständlich erscheinen, daß die neue Zeit andere Wege geht."[16] Der mühsame Neuanfang 1945-1950

Das Kriegsende kam für Fürstenberg am 24. April 1945, als sowjetische Truppen in die Stadt einmarschierten. Vorausgegangen war eine lange Zeit des Wartens, denn die Stadt lag seit Anfang Februar an der Front. Bereits Ende Januar hatte die Rote Armee die Oder erreicht und am 6. Februar waren nördlich und südlich von Fürstenberg Brückenköpfe über die noch vereiste Oder auf dem westlichen Flußufer gebildet worden. Die Stadt selbst war am 31. Januar zur Festung erklärt worden und von deutschen Soldaten besetzt; es soll sich um SS-Truppen, verstreute Reste verschiedener Wehrmachtsabteilungen, aber auch um Kadetten und Volkssturm gehandelt haben. Die erst 1919 fertiggestellte Oderbrücke wurde am 4. Februar 1945 von deutschen Truppen gesprengt, um den Vormarsch der Roten Armee aufzuhalten, ebenso wie sämtliche Brücken über den Oder-Spree-Kanal. Fünf Tage später wurde die Evakuierung der Bevölkerung befohlen. Die Fürstenberger zogen in Richtung Guben und vor allem in westliche Richtung, wo viele von ihnen in den sogenannten Kessel von Halbe gerieten, eine der größten Schlachten dieser Endphase des Zweiten Weltkrieges. Viele Bewohner flohen jedoch auch in die umliegenden Dörfer.[17] Trotz Evakuierungsbefehls blieben 28 Fürstenberger in der Stadt.

Der Februar, März und weite Teile des April waren von den Vorbereitungen für die Schlacht um Berlin geprägt, die am 16. April mit dem Übergang der Roten Armee über die Oder begann. Fürstenberg lag nicht im Hauptkampfgebiet und wurde praktisch erst nachholend von sowjetischen Truppen besetzt. Die Stadt wurde Standort einer Kommandantur für die weitere Umgebung.

Viele Einwohner Fürstenbergs kehrten schon kurz nach Kriegsende in die kaum zerstörte Stadt zurück. Bereits am 12. Mai wurden 1200 Einwohner gezählt, im Dezember 1945 waren es knapp 2000.

Nur einen Tag nach Einmarsch der Roten Armee wurde der erste Bürgermeister vom sowjetischen Kommandanten in sein Amt eingesetzt. In den kommenden Jahren nahm er die Geschicke der Stadt und der umliegenden Gemeinden in enger Abstimmung mit der Kommandantur in die Hand. Die Verteilung von Lebensmitteln und ihre Bewirtschaftung, die Unterbringung der Bevölkerung, die Räumung von Straßen gehörten zu den wichtigsten, unmittelbar anstehenden Aufgaben. Eine eigentlich Erwerbsarbeit war zunächst kaum vorhanden, aber alle verfügbaren Arbeitskräfte wurden requiriert, um die Kriegsschäden zu beseitigen. Dazu gehörte u.a. das Ausbessern der beschädigten Oderdämme, die Räumung des Kriegsschrotts, die Ausbesserung der Eisenbahnstrecke, die Räumung der Häfen und des Kanals, die Bergung von Munition und Minen, später die Bewachung der erntereifen Felder, die Demontage der Rüstungsbetriebe und des Kraftwerks.

Nur langsam kam das Leben wieder in Gang. Erst gegen Ende des Jahres 1945 konnte die Glashütte ihre Produktion wieder aufnehmen; statt Lampenschirme für den Export in die USA produzierte sie nun unter provisorischen Bedingungen Fensterglas für die nähere Umgebung. Die Produktion von Dachpappe wurde ebenfalls begonnen und die Werften wurden als SAG-Betrieb in der Staatlichen Sowjetischen Oderschiffahrts AG (SOAG) vereinigt. Hier ging es zunächst um die Reparatur von Lastkähnen, denn die Schiffahrt auf dem Oder-Spree-Kanal war erst ab Mitte 1946 wieder möglich.

Aus den Verwaltungsberichten des Fürstenberger Bürgermeisters, die sich im Stadtarchiv erhalten haben und jüngst in Auszügen publiziert wurden,[18] wird deutlich, wie das Leben Schritt für Schritt wieder in Gang gesetzt wurde.

Es bestand ein Mangel an allem, besonders an Lebensmitteln, Baumaterial und Brennstoffen. Auf Mehl und Korn gab es eine Abgabepflicht, um die notwendigste Versorgung zu garantieren. Wird für die ersten Nachkriegstage berichtet, daß Soldaten der Roten Armee Brot verteilten, so wurden bereits im Mai Lebensmittel über Karte ausgegeben: Kinder bis zu drei Jahren erhielten einen halben Liter Milch pro Tag, aber die Milchversorgung war in den folgenden Monaten ein immer wiederkehrendes Problem. Erwachsene hatten Anrecht auf drei Pfund Brot pro Woche, wer in Arbeit stand auf 4 1/2 Pfund, sowie auf 75 Gramm Butter und 125 Gramm Fleisch – beides mit der Einschränkung „soweit vorhanden". Die Milchablieferungen waren gering, weil Rinder in Ermangelung von Traktoren und Pferden als Zugvieh für die Landwirtschaft gebraucht wurden. Im Juli 1945 berichtete der Bürgermeister von Ziltendorf, daß die Bewohner des Ortes seit Februar kein Fett oder Öl mehr erhalten hätten. Dort, wo die Felder bestellt werden konnten, war die Ernte im Sommer 1945 gut, jedoch waren gerade in der Oderniederung weite Flächen vermint und konnten deshalb nicht genutzt werden. Für die notwendigste Ernährung sorgten auch Waldfrüchte und Beeren. Wegen der Unsicherheit in den Wäldern und den Gefahren durch Explosionsstoffe scheuten sich die Bewohner jedoch anfangs, dort zu sammeln.

Eine Lebensmittelkarte gab es nur für Personen, die in Arbeit standen. Dies bedeutete, daß praktisch die gesamte arbeitsfähige Bevölkerung zu dringenden Arbeiten herangezogen wurde. Im Sommer 1945 war es vor allem die Ernte, die zur Koordination des Arbeitskräftebedarfs zwang. Güter und von den Besitzern verlassene Landwirtschaften mußten bewirtschaftet werden, die erntereifen Felder bewacht, die notwendigen Stallungen, Scheunen und Lagerhallen instandgesetzt werden. Dabei waren, vor allem in den weitgehend zerstörten großen Oderdörfern nördlich von Fürstenberg, die Häuser noch nicht wieder aufgebaut. In Vogelsang sollen die Bewohner in diesem Sommer 1945 noch beinahe vollständig in Kellern gelebt haben.

lieferungen an östliche Länder betraf. Hintergrund war der Korea-Krieg, allgemeiner die Spaltung der Welt in zwei konkurrierende wirtschaftliche und militärische Blöcke. Der DDR war damit der Zugang zu westlichen Lieferungen verwehrt, so daß für die langfristigen Wirtschaftplanungen nur eine Ausrichtung auf die östlichen Wirtschaften möglich schien. Allerdings waren die Kapazitäten dort wie erwähnt knapp und die Integration der DDR in den RGW zu diesem Zeitpunkt noch nicht realisiert. Was blieb, war fast zwangsläufig eine dritte Entwicklungsvariante, die den Aufbau einer eigenen Roheisenproduktion in der DDR vorsah. Diese Variante bedingte den Bau von Hochofenkapazitäten und den Import von Eisenerz und Koks als Rohstoffe, der in Abkommen mit der UdSSR und Polen gesichert werden konnte.

Obwohl der Aufbau einer eigenen eisenschaffenden Industrie die weitaus teuerste Variante war, wurde sie vor allem aus politischen Gründen schließlich durch den Aufbau des EKO realisiert. Nicht nur schien der Import von Halbprodukten unsicher, auch wollte die SED eine wirtschaftliche Abhängigkeit der DDR von der Bundesrepublik unbedingt vermeiden. Eine Kommission des Politbüros der SED unter Leitung von Walter Ulbricht traf schließlich, trotz der unter den Wirtschaftsfachleuten der DDR herrschenden unterschiedlichen Auffassungen, die Entscheidung für den Aufbau eines Hüttenwerks. Mit der schließlich getroffenen Entscheidung für den Aufbau einer eigenen Roheisenproduktion wurden alle drei Verarbeitungsstufen der Stahlherstellung – Roheisenproduktion, Rohstahlproduktion, Walzstahlproduktion – in der DDR selbst gesichert und damit eine Tendenz zur Autarkie durchgesetzt. Es ging aber nicht nur um eine wirtschaftliche Entscheidung, sondern auch um eine politische: war die Sowjetunion 1950 durchaus noch an einem neutralen Gesamtdeutschland interessiert, setzte die Führungsspitze der SED auf die Sicherung des eigenen Staates und dessen Abgrenzung gegenüber der Bundesrepublik. Obwohl der Bau eines Roheisenwerks die teuerste Variante war und die notwendigen Investitionen bei der Rekonstruktion anderer Industrien fehlten, wurde sie schließlich auf dem III. Parteitag der SED im Juli 1950 beschlossen.

2.3. Der 1. Fünfjahrplan der DDR und die Standortwahl für das Eisenhüttenkombinat

Die wirtschaftspolitischen Entscheidungen der DDR in Richtung auf den Aufbau einer eigenen, unabhängigen und weitgehend volkseigenen Industrie wurden auf dem III. Parteitag der SED vom 20. bis 24. Juli 1950 festgelegt. Dort wurde der Fünfjahrplan für den Zeitraum 1951 bis 1955 vorgelegt, der in mehreren Stufen die Schaffung der industriellen Grundlagen vorsah. In einer ersten Stufe 1951 bis 1953 sollte die Roheisenproduktion realisiert werden, um danach die Energiewirtschaft und den Maschinenbau zu fördern. Der erste Fünfjahrplan hatte zum Ziel, aus der in der DDR bestehenden „Rumpfwirtschaft" eine „harmonisch gegliederte wirtschaftliche Einheit" zu entwickeln, dabei die Abhängigkeit vom Westen zu verringern und zugleich die industrielle Produktion gegenüber dem Stand von 1936 zu verdoppeln. Walter Ulbricht führte in seinem Referat zum Fünfjahrplan aus: „Die Produktion der metallurgischen Industrie ist so zu steigern, daß die maximale Versorgung des Maschinenbaus mit Metall aus eigener Erzeugung gesichert wird."[25] Das Modell des „Aufbaus aus eigener Kraft" wurde hier also vorgeschlagen und durchgesetzt.

Man ging dabei, unter der Voraussetzung einer gewollten wirtschaftlichen Unabhängigkeit der DDR, systematisch vor, begann beim Aufbau der industriellen Grundlagen, um später nachfolgende, von den Vorprodukten abhängige Industriezweige zu entwickeln. Auch wenn dieses Vorgehen zunächst logisch erscheint, führte es aufgrund der begrenzten Kapazitäten und Investitionsmittel zu einem massiven wirtschaftlichen Ungleichgewicht. Während im Rahmen des Aufbaus der metallurgischen Industrie in der Periode des 1. Fünfjahrplans allein für das EKO 347 Millionen Mark investiert werden sollten, fehlten diese für die Leicht- und Konsumgüterindustrie. 58 Prozent der zentralen Investitionen des ersten Fünfjahrplans wurden in die Grundstoffindustrie gesteckt, dagegen nur 15 Prozent in den Maschinenbau und 6,4 Prozent in die Leichtindustrie.[26] Das EKO wurde zum entscheidenden Investitionsschwerpunkt. Vorgesehen war, nach einer entsprechenden Analyse des Industrieministeriums vom Juni 1950, der Bau eines aus acht Öfen bestehenden Hochofenwerks mit einer Kapazität von 500 000 Tonnen Roheisen, ein Stahlwerk, das 280 000 Tonnen Qualitäts- und 220 000 Tonnen Massenstahl herstellen sollte, dazu der Bau von Walzstraßen, Gießereien und Schmieden.

Geplant war also ein integriertes Stahlwerk mit 500 000 Tonnen Kapazität. Auch wenn die Planungen in den folgenden Jahren und Jahrzehnten wiederholt revidiert wurden, war das EKO zumindest in der ersten Hälfte der 50er Jahre eines der wichtigsten wirtschaftlichen Projekte in der DDR. Daß mit seinem Bau erhebliche Hoffnungen auf die Sicherung des „Projekts DDR" verknüpft waren, zeigt das Protokoll des Parteitages: „Stürmischer Beifall" verzeichnet es auf die Bemerkung Walter Ulbrichts hin, „Die Projekte für das neue Hüttenwerk sind bereits fertig, so daß schon in wenigen Wochen am Ufer der Oder mit den Arbeiten begonnen werden kann." Ulbricht bezog sich dabei weniger auf die Realität. Was hier wie ein lang vorbereiteter Plan klingt, war in Wirklichkeit ein noch kaum ausgearbeitetes Projekt, denn zum Zeitpunkt seiner Parteitagsrede war noch keinesfalls klar, wo das Werk eigentlich gebaut werden sollte.

Bei der Standortwahl zu berücksichtigen waren mehrere Faktoren: benötigt wurde eine ausreichende, zusammenhängende Industriefläche für den Stahlkomplex und ein Hüttenzementwerk, die erweiterungsfähig für spätere Ausbaustufen sein mußte. Auch die Kühlwasserversorgung mußte ausreichend sein. Zweites Kriterium war die Lage des Werkes zu den Rohstofflieferanten und zu den Abnehmern seiner Produkte. Da das Roheisen zunächst von der Sowjetunion geliefert wurde, die Kohle aus Polen, war eine Anbindung an die Verkehrswege in diese beiden Länder eine notwendige Voraussetzung. Die abnehmende Industrie wiederum befand sich in Berlin, Magdeburg und im sächsischen Raum. Zu berücksichtigen war ferner ein ausreichendes Arbeitskräftepotential, das sich vor allem in den industriell weniger entwickelten Regionen des Nordens und Ostens der DDR finden sollte. Schließlich kamen auch strukturpolitische Vorstellungen zum Zuge. Das Werk sollte helfen, das strukturelle Gefälle innerhalb der DDR – stark industrialisierter, dicht besiedelter Süden, bevölkerungsarmer, industriell unterentwickelter Norden – auszugleichen und in diesen Gebieten den Aufbau des Sozialismus durch die Entwicklung einer klassenbewußten Arbeiterschaft zu fördern.

Diese Faktoren führten zu einer vergleichenden Untersuchung über fünf mögliche Standorte, die das Ministerium für Aufbau im Sommer 1950 vorlegte:[27] Vorgeschlagen wurden Ueckermünde, Eberswalde, Kiez-Küstrin an der Oder, Frankfurt (Oder) sowie Fürstenberg/Oder. Eberswalde, etwa 40 Kilometer nördlich von Berlin gelegen, war ein traditioneller Gewerbestandort mit einer differenzierten metallverarbeitenden Industrie. Eine qualifizierte Arbeiterschaft wäre hier ebenso vorhanden gewesen, wie eine Anbindung an den Schienenverkehr und das Wasserstraßennetz. Einige wichtige Abnehmer metallurgischer Produkte, die Stahlwerke in Oranienburg und Hennigsdorf, lagen nicht weit entfernt. Kiez-Küstrin, an der Oder gelegener ehemaliger Vorort der Garnisonsstadt Küstrin, hatte den Vorteil der Lage an der Oder sowie einer wichtigen Ost-West-Eisenbahnverbindung. Beide Standorte schieden jedoch schnell aus dem Auswahlverfahren aus, wobei wir über die Gründe aus den Quellen nicht unterrichtet sind. Es verblieben zwei an der Oder gelegene Standorte sowie das an der Ostsee gelegene Ueckermünde und bei einer Entscheidung traten grundlegende Argumente auf. Ueckermünde als Seestandort hätte einem international favorisierten Ansiedlungsschema entsprochen. Überall dort, wo Stahlwerke weit entfernt von den Rohstoffquellen errichtet wurden, so zum Beispiel in Scheveningen (Niederlande) und Fos sur Mer (Frankreich), spielten die Transportkosten eine große Rolle. Der Schiffstransport von Massengütern wie Erz und Kohle war über Meer konkurrenzlos billig. In Ueckermünde fehlte es jedoch an einem leistungsfähigen Überseehafen, denn das nahe Stettin war sei 1945 polnisch und Rostock als späterer einziger Überseehafen der DDR war zu diesem Zeitpunkt noch nicht ausgebaut. Außerdem waren die Verkehrsverbindungen ins Binnenland völlig unterentwickelt, so daß eine Entscheidung für den Seestandort immense Investitionen als infrastrukturelle Vorleistung erfordert hätten. Die Verkehrsexperten des Planungsministeriums waren dennoch für diesen Standort, während das Aufbauministerium für Frankfurt oder Fürstenberg argumentierte. Ein weiteres Argument kam ins Spiel: der Seetransport sowjetischen Erzes an die Ostseeküste hätte am Bosporus und am Kattegat militärisch neuralgische Punkte mit sich gebracht, denn hier mußten die sowjetischen Transportschiffe Nato-Gebiet durchqueren – ein im Jahre 1950 gewichtiges Argument, denn der Ost-West-Gegensatz war auf einem Höhepunkt angelangt und es bestand durch den Korea-Krieg die Gefahr einer ausgreifenden militärischen Auseinandersetzung. An den Oder-Standorten stellte sich die Lage anders dar. Hier war ein Antransport auf dem kombinierten Wasser-Schienenweg über das Schwarze Meer, die Donau, dann per Eisenbahn von Bratislava bis Kosel an der Oder und weiter per Schiff möglich. Dieser Transportweg war wesentlich umständlicher und auch teurer, hatte jedoch den Vorteil, daß nur östliche Staaten berührt wurden. Der Antransport der Kohle über die Oder an die neuen Standorte war ein weiterer Vorteil. Sowohl Frankfurt als auch Fürstenberg verfügten zudem über einen guten Schienenanschluß sowohl zu den Rohstofflieferanten, als auch zu den Abnehmern. In der Konkurrenz zwischen beiden Standorten schied Frankfurt schließlich aus, offensichtlich aufgrund der begrenzten Flächen, die zu einer Industrieansiedlung notwendig waren.

Wie die Entscheidung zugunsten Fürstenbergs fiel, ist nicht mehr nachvollziehbar. Offensichtlich hatte das Industrieministerium unter Minister Fritz Selbmann und dem Leiter der Hauptabteilung Metallurgie, Maximilian Heinrich Kraemer, bereits frühzeitig Fürstenberg favorisiert. Wesentliches Argument war die Möglichkeit, durch die Ansiedlung eines großen Werkes die Umgestaltung der Region von einer vorwiegend handwerklich-agrarischen zu einer industriellen voranzutreiben. In der Literatur wird diesem Ausgleich der Entwicklungsunterschiede eine große Bedeutung bei der Standortentscheidung beigemessen.[28] Die immer noch vorhandene Arbeitslosigkeit und eine hohe Konzentration beruflich und sozial entwurzelter Flüchtlinge in der Region, die durch die Schaffung einer sozialistischen Industrie und einer neuen Stadt integriert werden könnten, waren ein anderes Argument.[29] Weitere militärische und politische Beweggründe kamen ins Spiel. Die Oder war der am weitesten vom Westen entfernte mögliche Standort in der DDR, war somit am besten vor dem Zugriff des „Klassenfeindes" geschützt. Und schließlich: der Fluß bildete nach den Ergebnissen des Zweiten Weltkrieges und den alliierten Vereinbarungen die Grenze zu Polen, die die DDR bereits 1950 anerkannt hatte. Der Aufbau eines Hüttenkombinats an der „Oder-Neiße-Friedensgrenze" hatte damit einen hohen symbolischen Wert, sollte die politischen Unterschiede der DDR zur Bundesrepublik kenntlich machen und die freundschaftliche Integration in den Ostblock verdeutlichen.[30] Gerade dieser Symbolwert des neuen Werkes wird als anhaltend in der späteren Bedeutung von Eisenhüttenstadt bewertet.

Die Entscheidung für den Aufbau des neuen Hüttenwerks und der neuen Wohnstadt fiel schließlich auf Fürstenberg an der Oder, so daß die provisorische Regierung der DDR am 17. August 1950 den Beschluß des SED-Parteitages förmlich bestätigen und Industrieminister Selbmann bereits am darauffolgenden Tag mit symbolischen Axthieben die erste Kiefer auf dem künftigen Baugelände fällen konnte.

Nachdem die SED die Grundsatzentscheidung für den Bau eines eigenen, neuen Hüttenwerks in der DDR beschlossen hatte und der Standort an der Oder festgelegt worden war, begann man, die örtlichen Bedingungen näher zu untersuchen. Innerhalb der örtlichen Rahmenbedingungen plante man zunächst den Aufbau des Hüttenwerks auf dem ehemaligen Gelände der DEGUSSA, das, am Oder-Spree-Kanal gelegen, infrastrukturell bereits erschlossen war. Nur war die dort vorhandene Fläche zu klein, um spätere Werkserweiterungen zu realisieren. Von den verschiedenen Planungsvarianten, die im Industrieministerium ausgearbeitet worden waren,[31] wurde schließlich ein Standort längs des Oder-Spree-Kanals nördlich der Verbindungsstraße zwischen Fürstenberg und Schönfließ ausgewählt, der auf einer landwirtschaftlich kaum genutzten, durch niedrigen Kiefernbewuchs und Heide geprägten Fläche den Wasser- und Schienenanschluß für den Materialtransport ermöglichte, die Kühlwasserzufuhr garantierte und genügend Erweiterungsflächen bot. Eine Regierungsdelegation, der auch ein Vertreter der Sowjetischen Kontrollkommission und der Geologischen Landesanstalt angehörten, legte den Standort bei einer Geländebesichtigung am 30. Juli, nur eine Woche nach dem SED-Parteitag, fest.[32] Das Werk erstreckte sich später auf einer Länge von 2 Kilometern entlang des Kanals. Die Planungsarbeiten waren unmittelbar nach dem III. Parteitag der SED im Juli 1950 begonnen worden und der Beginn der Projektierungsarbeiten sowie der Geländeaufschluß erfolgte ab August 1950. Bereits in der ersten Augusthälfte hatten Industrieminister Selbmann und Planungsminister Rau die Aufnahme der Arbeiten veranlaßt, offensichtlich noch bevor die provisorische Regierung der DDR am 17. August den förmlichen Beschluß über das Fünfjahrplangesetz und damit auch den Bau des EKO gefaßt hatte. Noch im August 1950 begann das Zentrale Entwurfsbüro der metallurgischen Industrie, erst Anfang 1950 gegründet, mit den Projektierungsarbeiten für die Hochofenanlage und am 18. August 1950, einen Tag nach dem Regierungsbeschluß, eröffnete Minister Fritz Selbmann die Baustelle des EKO. Die Berichte über den Festakt verweisen auf den übergeordneten politischen Zusammenhang, der der EKO-Gründung zugeschrieben wird: zum einen war der 18. August der Todestag des Führers der KPD, Ernst Thälmann, der 1944 im Zuchthaus Brandenburg von den Nationalsozialisten ermordet worden war. Selbmann ging in seiner Ansprache auf diesen Zusammenhang ein. Zum anderen wurde das neue Werk in diametralem Gegensatz zur Stahlindustrie des Westens gesehen, als Beitrag zum friedlichen Wiederaufbau und als Eigentum des Volkes: „Flicks ehemaliges Stahlwerk in Riesa ist jetzt unser Stahlwerk, die Maxhütte in Unterwellenborn unsere Maxhütte, Döhlen unser Stahlwerk. Auf den Trümmern seines früheren Stahlwerks Brandenburg haben wir ein neues Stahlwerk gebaut. Auch hier bauen wir ein Werk des Volkes und den Friedens. Dieses neue ... Werk wird an der Oder-Neiße-Friedensgrenze als ein sichtbarer Zeuge des Friedens und der Freundschaft mit unseren Nachbarvölkern stehen."[33] Zur Legendenbildung um die Gründung des EKO gehört auch eine angebliche Wette. Selbmann hatte für jeden Axthieb, der für das Fällen der ersten Kiefer als Symbol für die Baustelleneinrichtung nötig war, einen Kasten Bier versprochen. Die Arbeiter hätten eine besonders zähe Kiefer ausgesucht, heißt es, oder in einer anderen Version, man habe die Axt stumpf geschliffen. Jedenfalls benötigte Selbmann einige Schläge und die legendäre Axt befindet sich heute in der Sammlung des Werkarchivs der EKO Stahl GmbH.

3. Der Aufbau von Stadt und Werk
(die 50er Jahre)

„Infolge der natürlichen Ungunst und der verkehrsabgewandten Lage hat der Raum von Fürstenberg bisher von sich aus kaum nennenswerte Dynamik entwickelt. Jetzt ist der Mensch dabei, die Dynamik in diesem Raum hineinzutragen."[34]

3.1. Die EKO-Baustelle

Nachdem im August 1950 zeitgleich die Projektierungsarbeiten, der Geländeaufschluß und die Baustelleneinrichtung für den Hochofen I begannen, mußte zunächst eine Räumung des Baugeländes erfolgen. Kiefern wurden geschlagen, das Gelände eingeebnet, die Überreste des Krieges beseitigt. Ab Februar 1945 war das spätere Werksgelände Frontgebiet gewesen und bei den Räumarbeiten wurden etwa 1000 Tonnen Munition und Minen gefunden. Erst danach konnten die Bauarbeiten beginnen. Bis Jahresende 1950 war der Bauplatz entwaldet und planiert, erfolgte die Anlage von Baustraßen, wurden Bahngleise gelegt und die „Barackenstadt" für etwa 800 zumeist auswärtige Bau- und Montagearbeiter errichtet. Der Bau des Kanalhafens wurde vorbereitet, indem der dort befindliche Damm abgetragen wurde, die Fundamente des Hochofens I vorbereitet und am 18. Dezember fertiggestellt. Vielleicht nicht die wichtigste, aber in der Öffentlichkeit bekannteste Baumaßnahme war die Errichtung der Werkstraße, die die Hochofenanlage mit der späteren Stadt verband. Hier waren besonders anstrengende Arbeiten auszuführen, denn die Packlagen, die unterhalb des Belages für Festigkeit sorgen sollten, wurden aus Betontrümmern der ehemaligen Degussa-Fabrik gewonnen.

Auf der Baustelle ergaben sich fortlaufend Schwierigkeiten, da es zunächst an allen Voraussetzungen fehlte. Weder gab es fertige Pläne, nach denen die Bauarbeiten ausgeführt werden konnten – ein Vorprojekt war erst Mitte bis Ende November 1950 fertiggestellt[35] – noch qualifizierte Arbeitskräfte oder gar Maschinen. Konstruktionspläne für die Hochöfen wurden vom Zentralen Entwurfsbüro in Berlin nach Vorlagen aus dem Jahr 1943 entwickelt, der erste Chefprojektant Rudolf Stoof war zwar ein Fachmann für Stahlwerke, aber kein Hochofenkonstrukteur. So dauerte es letztlich Monate, bis ein geordnetes Bauverfahren entwickelt wurde.

Die EKO-Baustelle war anfangs in jeder Beziehung ein Experiment und kennzeichnete die Situation des Aufbaus in den frühen DDR-Jahren. Unmittelbar nach der Baustelleneröffnung rekrutierte das Arbeitsamt Fürstenberg mit massiver Unterstützung der SED-Kreisleitung die ersten 200 Arbeiter aus der unmittelbaren Umgebung, um Rodungsarbeiten vorzunehmen. Material oder Geräte gab es nicht, so daß viele ihre eigenen Werkzeuge mitbringen mußten. Als verantwortlicher Baubetrieb wurde zunächst die Bau-Union Ost mit Sitz in Potsdam bestimmt, die noch im August einen Zweigbetrieb in Fürstenberg organisierte. Aus ihr entwickelte sich die Bau-Union Ost in Fürstenberg, die der verantwortliche Bauträger für den Aufbau von Werk und Stadt wurde und unmittelbar als Auftragnehmer des im September 1950 zunächst als Investitionsträger gegründeten EKO fungierte.

Mit der Baustelle wuchs zunächst die Zahl der dort Beschäftigten rasant. Aus verstreuten Zahlenangaben ergibt sich folgendes Bild:

Zahl der Beschäftigten auf der EKO-Baustelle 1950/51[36]

	Bau-Union Ost	EKO		gesamt
Ende August 1950				400
September 1950		110	(zur Ausbildung)	
Mitte Oktober 1950				1160
November 1950	150			
Dezember 1950	800			
Februar 1951				2400
März 1951		291	(zur Ausbildung)	3000
Juni 1951				8200
Oktober 1951		1000		
Ende Dez. 1951	4557			
Juni 1952				13.000

Wie setzte sich die Arbeiterschaft auf der Baustelle zusammen? Anfangs waren dort vor allem Menschen aus der näheren Umgebung beschäftigt, unter anderem Flüchtlinge, die seit ihrer Flucht praktisch keine geregelte Arbeit hatten oder die gegen geringe Löhne und unmittelbare Versorgung auf den Dörfern arbeiteten. In Brandenburg betrug der Anteil der Flüchtlinge im August 1946 etwa ein Viertel der Bevölkerung und von ihnen hatten noch im Frühjahr 1949 nur zwei Drittel überhaupt Arbeit gefunden.[37] Daher meldeten sich zu Beginn der Bauarbeiten so viele Arbeitsuchende, daß noch im Spätherbst 1950 ein Einstellungsstop ausgesprochen werden mußte, vor allem für Ungelernte.

In den ersten Monaten kam es vor allem auf die Rekrutierung von Baufachleuten an. Hier lagen erste Erfahrungen mit Großbaustellen bereits vor. So kamen im Mai 1951 Brigaden vom Talsperrenbau Sosa nach Fürstenberg. Zugleich wuchs das Personal im Sommer 1951 weiterhin stark an, es gab Probleme mit der Disziplin und mit Alkohol. Dem versuchte man, durch bessere Organisation, berufliche Qualifizierung und nicht zuletzt durch den Aufbau eines politischen und gewerkschaftlichen Apparats zu begegnen.

FDJ-Brigade bei Erdarbeiten auf der Baustelle des Eisenhüttenkombinats

Eine besondere Rolle spielten Jugendliche und weibliche Berufstätige. Im November 1950 waren nur 20 Prozent der Mitarbeiter der Bau-Union Handwerker, andererseits gab es besonders viele junge Frauen unter den Beschäftigten. In die Literatur eingegangen sind die Mädchenbrigaden, die noch 1950 die Werkstrasse als wichtigste Erschließungsachse für das Werk aus den Ruinen der ehemaligen Rüstungsbetriebe gewannen, indem sie Betonteile lösten, zerkleinerten und schließlich als Straßengrund in Packlagen legten.

Das EKO galt als Baustelle der Jugend. Jugendliche waren, neben Frauen, besonders für das Projekt zu gewinnen, da sich hier, wie sonst nirgends in der Region, Chancen für eine qualifizierte Berufstätigkeit boten. Das Prinzip des gleichen Lohns für gleiche Arbeit, die schrittweise Aufhebung autoritärer Arbeitsstrukturen (Kolonnensystem), die Aussicht auf Wohnung und guten Verdienst waren die eine Seite, Abenteuerlust und Mobilisierungsfähigkeit für das „Aufbauprojekt Nummer 1" die andere. Als im Sommer 1951 die III. Weltfestspiele der Jugend und Studenten in Berlin stattfanden, nahmen aus dem EKO und seinen Baustellen 1000 Jugendliche teil. Die dadurch verlorene Arbeitszeit mußte vorgearbeitet bzw. von anderen ausgeglichen werden. In Vorbereitung dieses Ereignisses bildete sich ein Kulturensemble, das unter fachlicher Beratung des Schriftstellers Eduard Claudius[38] ein Programm erarbeitete. Gerade auch über die Jugendlichen war es 1950 möglich, die Arbeit nach dem Prinzip der Arbeitsbrigaden zu organisieren, über sie einen Wettbewerb um die besten Arbeitsleistungen durchzusetzen und letztlich auch zu neuen Arbeitsnormen (TAN, technisch begründete Arbeitsnormen) zu kommen. Kampagnen wie das „Stalin-Aufgebot" zur vorfristigen Fertigstellung der Werkstrasse im Spätherbst 1950, der Kampf um den Ehrentitel der Brigade der deutsch-sowjetischen Freundschaft, und schon im September 1950 die Stiftung einer Wanderfahne des FDGB, einer begehrten Trophäe im Wettbewerb, rekurrierten auf die Begeisterungsfähigkeit der Jugendlichen.

Allerdings war zu dieser Zeit noch vieles im Fluß. So sank die Bereitschaft zum Wettbewerb bald wieder ab, die Normen wurden anfangs laufend unterboten, weil sie bewußt niedrig gesetzt worden waren. Steigende Arbeitserfahrung und freiwillige Mehrarbeit (Subotnik) sorgten für regelmäßige Normüberbietungen, ohne daß es zu Lohnsteigerungen kam. Die Durchsetzung der neuen Arbeitsnormen war allerdings kompliziert, weil die Arbeiten oft nicht vergleichbar waren. Schon im Frühjahr 1951 flaute deshalb die anfängliche Euphorie ab. Organisationsschwierigkeiten auf der Baustelle kamen hinzu. So waren im Oktober 1950 40 Prozent Ausfallzeiten wegen mangelnder Arbeitsvorbereitung zu verzeichnen gewesen. Dennoch ist die Bedeutung des EKO-Aufbaus für die Betroffen kaum zu unterschätzen. Trotz aller Probleme sei hier der „neue Mensch" herausgebildet worden, eine gewiß euphorische Umschreibung, die sich auf die gleichzeitige Neuorganisation der Arbeitsbeziehungen wie auch das Bewußtsein der Mitwirkung am Projekt des Aufbaus einer besseren Gesellschaft bezieht. [39]

Einbindung der Flüchtlinge, Mobilisierungskampagnen und Enthusiasmus allein reichten jedoch nicht aus. Das EKO hatte auch eine unmittelbare Rückwirkung auf die noch vorhandene Industriestruktur Fürstenbergs. Als Arbeitskräftereservoir für das EKO taugte die Stadt nicht: „Unter den Männern in Fürstenberg, Schönfließ und Vogelsang gibt es keine Arbeitslosen, keine freigestellten und auch keine Arbeitpflichtigen, die eine Arbeit suchen."[40] Der damals größte Betrieb, der VEB (Z) Ostglas, die frühere Fürstenberger Glashütte, hatte ursprünglich als Aufnahmebetrieb für Frauen am männlich dominierten Stahlstandort gegolten, wurde aber 1952 aufgegeben und die Produktion nach Weißwasser verlegt, um Facharbeiter für das EKO zu gewinnen.

Ein ganz anderes Kapitel war die Zwangsrekrutierung von Arbeitskräften. Anfangs in einer ehemaligen Fabrik, später in Vogelsang bei Eisenhüttenstadt bestand ein Haftarbeitslager, dessen Insassen für Bauhilfsarbeiten für das EKO herangezogen wurden.[41] Das Lager wurde wahrscheinlich mit dem 13. August 1961 geschlossen, jedoch bleibt die Geschichte dieses Aspekts des EKO-Aufbaus noch zu schreiben.

Mit Beginn der Arbeiten am Hochofen I, als es nicht mehr um vorbereitende Hilfsarbeiten ging, wurden gezielt Fachkräfte angeworben. Schon im Herbst 1950 konnten 300 Bau- und Montagefacharbeiter auf der Baustelle konzentriert werden. Spezialbaubetriebe, später Montagebetriebe, bildeten kontinuierliche Zweigbetriebe auf der Baustelle. Entscheidend, gerade für jüngere Menschen und ihre langfristige Lebensperspektive, war die Möglichkeit zur beruflichen Qualifikation. Diese wurde nicht nur für den Aufstieg zum Baufacharbeiter geboten, sondern vor allem auch zur Vorbereitung eines Übergangs vom Bau- zum Metallfacharbeiter. Am 21.9.1950 begann die Ausbildung von 50 künftigen Hochöfnern und 60 Stahlarbeitern in verschiedenen Betrieben der DDR. Im März 1951 waren alle EKO-Beschäftigten, damals 136 Angestellte und 155 Arbeiter, auswärts in Qualifizierungsmaßnahmen, u.a. 37 Hochöfner in der Maxhütte im thüringischen Unterwellenborn, dem damals einzigen bestehenden Hochofenbetrieb der DDR. Diese Auszubildenden, zusammen mit erfahrenen Arbeitskräften aus der Maxhütte, stellten die erste Belegschaft des EKO.

Schon frühzeitig wurden auch Arbeiter aus weiter entfernteren Gebieten angeworben. Ende Dezember 1951 waren von damals etwa 4500 Beschäftigten der Bau-Union gut 3000 aus der unmittelbaren Umgebung, dem Kreis Frankfurt/Oder, zu dem auch Fürstenberg damals gehörte,[42] knapp 1500 von außerhalb des Kreises. Eine Statistik über die Herkunft der EKO-Beschäftigten wurde später im Jahre 1963 erarbeitet. Von den zu diesem Zeitpunkt gezählten 5658 Arbeitskräften waren 1329 bereits 1951/52 im Werk. Sie kamen aus 161 verschiedenen Gemeinden, davon die meisten aus dem Gebiet zwischen Guben und Frankfurt, aber daneben gab es auch etliche Fernwanderer, etwa aus Cottbus, Forst und anderen, zumeist brandenburgischen Städten. Dies weist darauf hin, daß das Werk einer der wichtigen Anziehungspunkte für Arbeitsuchende in der weiteren Region war, in der es ja zu Beginn der 50er Jahre kaum Alternativen gab. Die nur gering industrialisierte Region war nach dem Zweiten Weltkrieg durch Kriesgszerstörungen und Demontagen praktisch de-industrialisiert worden.[43]

Zugleich gibt die Statistik jedoch auch Auskunft über die Mobilität und Stabilität der Belegschaft. Im Dezember 1952 hatte das EKO 5700 Beschäftigte, von denen, wie erwähnt, im Jahre 1963 noch insgesamt 1329 dort arbeiteten. Das heißt, daß knapp ein Viertel der Belegschaft gut zehn Jahre im Betrieb verblieben war; es hatte sich also eine Stammbelegschaft herausgebildet. Andererseits hatten mehr als drei Viertel der Beschäftigten binnen elf Jahren das Werk wieder verlassen, obwohl dort die finanziellen und sozialen Bedingungen besonders gut waren. Über die Gründe können wir leider keine Auskunft aus den Quellen geben.

Das explosionsartige Wachstum der Beschäftigtenzahlen schuf Probleme: wo sollten die Arbeiter untergebracht werden, wie versorgt, wie ein geordneter Ablauf der Arbeit organisiert werden? Die ersten Rodungs- und Erdarbeiter kampierten teilweise noch im Freien, viele kamen aus den umliegenden Dörfern und konnten täglich per Fahrrad oder zu Fuß zur Arbeit kommen. Wer weiter entfernt wohnte, mußte öffentliche Verkehrsmittel benutzen, die jedoch erst schrittweise zur Verfügung standen. Im Dezember 1950 verfügte das öffentliche Nahverkehrsunternehmen, der VEB Kraftverkehr Land Brandenburg, Einsatzstelle Fürstenberg, erst über zwei Busse. Die Fahrt per LKW, teils von privaten Fuhrunternehmern gestellt, gehörte damit zur Normalität. Mit der Bahn konnten erst 1951 Verhandlungen über eine dichtere Zugfolge für den Pendlerverkehr geführt werden, neben dem vorhanden Bahnhof Fürstenberg wurde eine näher liegende Behelfshaltestelle in Vogelsang eingerichtet. Im Sommer 1951, als auf der Baustelle etwa 8200 Menschen arbeiteten, konnte nur ein Drittel der Belegschaften in der näheren Umgebung untergebracht werden, davon etwa 1000 Beschäftigte zur Untermiete in Fürstenberg.

Um die Zahl der Pendler zu verringern, wurden in der Folge verschiedene Wohnlager errichtet, die den gesamten Aufbau des EKO und der Stadt über praktisch ein Jahrzehnt begleiteten. Das wichtigste und dauerhafteste war die für 1000 Bewohner geplante „Barackenstadt", direkt am Werkeingang gelegen. Sie wurde zwischen September 1950 und Juni 1951 errichtet, ihre Verwaltung ging im Februar 1951 auf das EKO über. Im August 1954 bestanden 34 Wohn- und Unterkunftsbaracken für 241 Beschäftigte des EKO und 791 Arbeiter auswärtiger Betriebe. Die Barackenstadt wurde erst 1965 aufgegeben. Andere Wohnlager bestanden nur kürzere Zeit und waren in der Regel weniger gut ausgestattet: Die Steinbaracken der früheren Wachmannschaft des Kriegsgefangenenlagers Stalag III B hatten das Kriegsende überdauert und wurden als „Stadtrandsiedlung" bis Ende Oktober 1951 genutzt. Die Bau-Union hatte für ihre Beschäftigten ab Oktober das winterfeste „Wohnlager Insel" errichtet, das bis März 1954 bestand. Ein weiteres Wohnlager für etwa 3000 Bewohner wurde 1952 aufgebaut (Helmut-Just-Lager) und bestand bis 1959. Schließlich gab es zwischen 1954 und 1958 noch das „Wohnlager 3". In Guben und Finkenheerd bestanden Wohnheime, die jedoch schon 1953 aufgegeben werden konnten. In der wachsenden Wohnstadt wurde, und hier zeigt sich der Beginn einer kommunalen Infrastruktur, das Ledigenheim errichtet, dessen Planung bereits 1952 begonnen hatte und das schließlich 1956 fertiggestellt war.

Soziale und Versorgungseinrichtungen wurden zunächst direkt auf dem Werksgelände oder in den Barackenlagern eingerichtet. Kioske auf der Baustelle, eine Imbißstube und ein provisorisches Kaufhaus der HO bildeten 1950/51 den Anfang, es wurden Sonderverkäufe des HO-Warenhauses am Alexanderplatz im EKO organisiert, um den Mangel an Einkaufsmöglichkeiten auszugleichen. In den Wohnlagern bestanden Duschbaracken, in der Barackenstadt wurde die HO-Gaststätte „Friedensstahl" eröff-

In der Barackenstadt, vor 1958

Betriebsgewerkschaftsleitung **Fürstenberg (Oder), den 23. 6. 1952**

Sonderverkauf der HO

Am 8. und 9. Juli findet in der Kulturhalle des EKO ein Sonderverkauf der HO Textilien statt.

Bei diesem Sonderverkauf sollen besondere Wünsche der Kollegen berücksichtigt werden. Wir bitten aus diesem Grund die Kollegen, ihre Wünsche auf die Rückseite dieses Zettels zu schreiben und bei ihrer BGL abzugeben.

Als Auftakt des Wunschverkaufes, findet am 7. Juli eine

HO Modenschau um 19,30 Uhr in der Kulturhalle statt.

Alle Kolleginnen und Kollegen sind mit ihren Familien herzlichst eingeladen.

Verkaufsstunden am 8. und 9. Juli von 10,00 bis 20,00 Uhr

BGL EKO **BGL Bau-Union** **BGL Wohnstadt**

Werbeanzeige der HO, Unser Friedenswerk Nr. 37/2 v. 25.6.1952

net, es gab einen Friseur, im Wohnlager Insel wurde ein provisorisches Kino eingerichtet. Es mußten praktisch alle Vorkehrungen für die täglichen Bedürfnisse getroffen werden, denn bis auf die Fürstenberger Geschäfte gab es keine Infrastruktur.

Schon 1951 jedoch erfolgte der schrittweise Übergang zu einer dauerhaften Infrastruktur, die zunächst vom Werk ausging. Erster und zugleich symbolischer Schritt war die Herausgabe der Betriebszeitung „Unser Friedenswerk" ab März 1951. Vieles andere folgte.

Wer auf der Baustelle des Eisenhüttenkombinats arbeitete, verdiente gut. Bezahlt wurde nach Ortsklasse A, die sonst nur für größere Städte galt, es gab eine günstige Lebensmittelkarte, dazu Werkessen der Kategorie für „Bergarbeiter über Tage", Arbeitskleidung und eine bessere Versorgung mit Mangelwaren.

Wenden wir uns dem Aufbau des EKO zu: Das Hochofenwerk des EKO wurde im wesentlichen bis 1955 errichtet. Nachdem bereits 1950 das Fundament für den Hochofen I, die Werkstraße und andere wichtige infrastrukturelle Voraussetzungen wie ein Hafen am Oder-Spree-Kanal, die Gleise für den Werkverkehr vorbereitet und zum Teil fertiggestellt waren, begann mit dem Jahr 1951 der Aufbau der Industrieanlagen. Die sechs Hochöfen wurden im September 1951, im Januar, August und November 1952, im Oktober 1953 und August 1954 fertiggestellt. Die Masselgießmaschinen wurden errichtet, um das flüssige Roheisen in eine transportierbare Form zu gießen, denn es fehlten die Weiterverarbeitungsstufen vor Ort. Eine Sinteranlage wurde notwendig, um das Erz und die Zuschlagstoffe in eine stückige Form zu bringen, die zum Betrieb der Hochöfen notwendig war.

Hochofenwerk, um 1960 (Foto: Fricke)

Das in dieser Form gebaute Werk sah anders aus, als ursprünglich geplant. Zunächst sollte es eine Kapazität von 500 000 Jahrestonnen Roheisen haben, jedoch wurde schon 1951 im Fünfjahrplangesetz das Produktionsziel auf 900 000 Jahrestonnen angehoben, weil die Maschinenbauindustrie der DDR Material benötigte; dort war es 1951 zu Kurzarbeit gekommen, weil westdeutsche Stahllieferungen ausgefallen waren.

Im Juli 1951 hatte das Industrieministerium einen Investitionsplan für das EKO erstellt, der die Fertigstellung des Roheisenwerkes bereits 1952 vorgesehen hatte, allerdings mit teilweise anderen Ausrüstungen. So sollten neben den schließlich gebauten 500-Tonnen-Öfen auch solche mit 1000 Tonnen Tageskapazität errichtet werden, jedoch war es nicht möglich, in der DDR die benötigte Qualität des Steinkohlenkokses herzustellen. Von den dann vorgesehenen acht Hochöfen wurden schließlich sechs errichtet.

Nach dem Investitionsplan von 1951 sollte noch 1952/53 das EKO als komplettes Stahlwerk errichtet werden. Ein Siemens-Martin-Stahlwerk, eine Kokerei, ein Schmiede-Preßwerk, eine Stahlgießformerei und eine Zementfabrik standen auf dem Plan. Verwirklicht wurde davon nur das Zementwerk. Erst im Verlauf des Projektierungsverfahrens wurde der Bau eines Gichtgaskraftwerks erwogen, um die beim Hochofenprozeß anfallenden Gase zur Energiegewinnung zu nutzen; dieses Kraftwerk wurde ab 1954 in Betrieb genommen.

Um den Aufbau zu beschleunigen, wurde das EKO durch einen Beschluß des Ministerrats in die 46 Werke umfassende Liste der „Schwerpunktbetriebe" aufgenommen und dort auf Platz eins gesetzt. Schwerpunktbetriebe erhielten bevorzugt Investitionsmittel und vor allem die notwendigen Materialien und Ausrüstungen, an denen es in der DDR fehlte.[44] Weitere Baubetriebe wurden auf der EKO-Baustelle konzentriert.

Jedoch kam es auch zu Rückschlägen. Die ersten Hochöfen funktionierten nicht, sie gaben nur wenig und minderwertiges Roheisen ab. Deshalb wurden im März/April 1952 sowjetische Hochofenspezialisten geholt, um eine Fehleranalyse zu erstellen. Im Verlauf der Untersuchungen ergab sich, daß nicht Konstruktionsmängel, wie vermutet, vorlagen, sondern die Bedienung der Öfen das Problem war. Binnen weniger Wochen konnte das Hochofenpersonal so eingewiesen werden, daß die Produktionsergebnisse stark anstiegen und schließlich erstmals im Jahre 1955 das EKO die geforderten Produktionsleistungen übertreffen konnte. Im Jahre 1960 produzierten die für 500 000 Jahrestonnen ausgelegten sechs Hochöfen des Eisenhüttenkombinats Ost 1,1 Millionen Tonnen Roheisen, Ergebnis einer Vielzahl mühevoller Verbesserungen im Detail.

3.2. Der Aufbau der Stadt. Schritte und Wandel der Stadtplanung in den fünfziger Jahren

Die ersten vier Wohnkomplexe, in den 50er Jahren errichtet, sind der Kern der Stadt. Was heute als in sich geschlossener Stadtgrundriß erscheint und dem Betrachter einen kompakten Eindruck vermittelt, war eine Abfolge unterschiedlicher Phasen und Vorstellungen von dem, was als Wohnstadt des Eisenhüttenkombinats einmal entstehen sollte. Die ersten Jahre des Aufbaus der Wohnstadt waren von mehrfachen Wechseln der Verantwortlichkeit, voneinander abweichender Planungen, daher oft verspäteter Projektierungsunterlagen und in der Folge vom Zwang zu Improvisation geprägt. Bauverzögerungen und Arbeitsmangel, dann wieder stoßartige Kampagnen zur Aufholung von Planrückständen und Arbeitskräftemangel wechselten einander ab. Deutlich sichtbar ist die Stadt bis heute gerade in ihrem Zentrum unvollständig geblieben, auch dies eine unmittelbare Folge von Unklarheiten und Trendwenden in der Stadtplanung.

Nur auf den ersten Blick ist Eisenhüttenstadt der „letzte Monolith",[45] eine aus einem Guß geplante und gebaute Stadt. Bei genauerer Betrachtung lassen sich die einzelnen Phasen der Vorstellung von Stadt, wie sie sich in den 50er Jahren allmählich herausbildeten, nachverfolgen. Gerade weil die Stadt in dieser Zeit erst im Entstehen begriffen war, ist sie das wichtigste Beispiel für die gesamte DDR-Entwicklung dieses Zeitraums. Gerade in ihren ersten Wohnkomplexen zeigt Eisenhüttenstadt die Phasen der Suche nach einer der sozialistischen Gesellschaft angemessenen Form.

Zugleich ist das Erreichte dieser frühen Jahre eine außerordentliche Leistung angesichts fehlender Vorplanungen und der materiellen Möglichkeiten, die nur wenige Jahre nach dem Ende des Zweiten Weltkrieges alle Planungseuphorie begrenzen mußte. Die äußerst verwirrenden Planungsabläufe vor allem der ersten Jahre sind erst in jüngster Zeit systematisch rekonstruiert worden,[46] für die Zeitgenossen mag dagegen allzu oft der Eindruck von Unfähigkeit und Schlamperei vorgeherrscht haben.

Der Aufbau des Werkes und der dazugehörigen Wohnstadt wurde von Ulbricht auf dem III. SED-Parteitag im Juli 1950 als unmittelbar bevorstehend angekündigt. Entgegen den Planungsvorläufen für das Hüttenwerk bestanden für die Wohnstadt keine Vorarbeiten. Erst schrittweise wurde in langwierigen Auseinandersetzungen herausgearbeitet, daß für das Werk eine eigene Stadt errichtet werden würde und keine der üblichen Wohnsiedlungen, an welchem Standort sie entstehen sollte, wer für die Planungen verantwortlich war. Zunächst war das Industrieministerium, Planer und Investitionsträger des Werkes, nach sowjetischem Vorbild auch für die Errichtung der Stadt verantwortlich, bald jedoch, vor allem in Verbindung mit den zunehmenden Auseinandersetzungen um die Leitlinien des Städtebaus, das Aufbauministerium. Das Aufbaugesetz und die 16 Grundsätze des Städtebaus aus dem Jahre 1950 bildeten die Voraussetzung. Wie diese Grundsätze zu verwirklichen waren, wußte zunächst niemand. Weder bestand beim Aufbauministerium eine Planungsorganisation, noch eine konkrete Vorstellung, wie die Wohnstadt einmal aussehen sollte. Dennoch bestand die gemeinsame Grundauffassung, daß die negativen Folgen des kapitalistischen Städtebaus unterbunden werden sollten. Eine funktionsgerechte Ausstattung zum Wohle der Bewohner stand im Mittelpunkt.

Zunächst hatte der Architekt Franz Ehrlich im Auftrag des Industrieministeriums Planungen für eine Wohnstadt erarbeitet, die Anfang November 1950 in ihren Umrissen fertiggestellt worden waren. Diese Planungen wurden verworfen, obwohl wesentliche Grundgedanken für die neue Stadt von späteren Planern übernommen wurden. Damit war der erste Kurswechsel vollzogen, bevor überhaupt ein einziger Stein vermauert war. Was war geschehen? Franz Ehrlich war der Architekt des Industrieministeriums, das für den Aufbau des EKO zuständig war und auch die Planungshoheit für die Wohnstadt beanspruchte. Dies stieß jedoch auf den Widerstand des Ministeriums für Aufbau, das seinen Planungsapparat 1950 erst langsam entwickelte und nun konsequent Anspruch auf die Zuständigkeit in allen Baufragen und damit auch für die künftige Wohnstadt beanspruchte. Während Ehrlich noch plante, organisierte das Aufbauministerium im Oktober 1950 einen städtebaulichen Wettbewerb, an dem sich ausgewählte Architekten beteiligten und dessen Ergebnisse in überarbeiteter Form die erste Planungsgrundlage für die neue Stadt bildeten. Dahinter stehen Fragen der Organisationsstruktur im neuen Staat, vermutlich jedoch auch Eitelkeiten. Sollten Stadt und Werk aus einer Hand konzipiert werden und in der Folge die Industrie zuständig sein, wie dies in der Sowjetunion bei entsprechenden Großvorhaben der Fall war, oder sollte eine eigenständige Gestaltungshoheit des Aufbauministeriums gelten und damit stärker kulturelle Fragen ins Spiel kommen? Sollte also das industrielle Prinzip oder das repräsentative Prinzip den Vorrang erhalten?

Mit Gründung der DDR wurden die staatlichen Bauaktivitäten im Ministerium für Aufbau gebündelt. Dort wurden 1950/51 die städtebaulichen Leitlinien entwickelt, die gesetzlichen Grundlagen ausgearbeitet und die Planungs- und Forschungskapazitäten konzentriert, Vorgänge, die den Entstehungsprozeß und die Form der neuen Stadt an der Oder unmittelbar begleiteten.

Die 16 Grundsätze des Städtebaus und das Aufbaugesetz

Die in der DDR gültigen städtebaulichen Leitlinien wurden in den „16 Grundsätzen des Städtebaus" vom 27. Juli 1950 fixiert (s. Anhang, Dokument 1). Es handelt sich um ein Grundsatzdokument, das die Form und Bedeutung der Stadt und ihrer Weiterentwicklung auf die gesellschaftlichen Grundlagen der DDR bezieht. Die Stadt wird als „wirtschaftlichste und kulturreichste Siedlungsform" der Gesellschaft bezeichnet. Sie repräsentiert die gesellschaftlichen Möglichkeiten und Rahmenbedingungen und sie ist Gegenstand von Stadtplanung. Damit ist ein staatlicher Anspruch auf die Gestaltung der Städte festgelegt, ein keineswegs selbstverständlicher Anspruch, denn Stadtplanung und Städtebau waren zuvor meist kommunale Aufgabe, die erst im späten 19. Jahrhundert schrittweise und fragmentarisch von den Städten gegen die Interessen der Bodenbesitzer und der Industrie durchgesetzt worden war.[47] Eher erinnert der staatliche Anspruch daher an das Selbstverständnis fürstlicher Stadtgründer, die ihre Residenzen nach einem Gesamtplan entwerfen und gestalten ließen (so z.B. Karlsruhe).

Allerdings sind Städte keine selbstverständliche und schon gar keine allein repräsentative Siedlungsform. In Anlehnung an die Städtetheorie der Nationalökonomie[48] definierten die 16 Grundsätze des Städtebaus Industrie, Verwaltung und Kultur als „städtebildende Faktoren". Ziel der Stadtplanung ist nach diesen Grundsätzen eine gestufte Stadtorganisation mit einem Zentrum, das die wesentlichen administrativen und kulturellen Funktionen wahrnimmt und einer Peripherie der Wohngebiete. Während diese in Wohnkomplexe organisiert ist und vor allem den Bedürfnissen der Bevölkerung angemessen begegnen soll, hat das Stadtzentrum neben seiner funktionalen Bedeutung auch eine als Zeichen des Städtischen. Seine Architektur soll hervorgehoben und durch die Stadtplanung gestaltet sein und die politischen und gesellschaftlichen Rahmenbedingungen zum Ausdruck bringen.

Die 16 Grundsätze des Städtebaus verbinden funktionale Kriterien, etwa die Anlage der Wohnviertel und die Aufteilung der Stadt in Wohn- und Industrieviertel, mit ästhetischen, vor allem hinsichtlich der Gestaltung des Zentrums. Damit unterscheiden sie sich von den zur gleichen Zeit im Westen dominanten Anschauungen, nach denen die Stadt als aufgelockertes, in die Landschaft integriertes Siedlungsgebilde („gegliederte, aufgelockerte Stadt") interpretiert wurde. Funktionale Kriterien der Stadtorganisation, wie sie seit den 20er Jahren intensiv diskutiert wurden und 1933 in der Charta von Athen ihren international gültigen Ausdruck erhielten, konkurrierten mit einer politischen und gesellschaftlichen Aufladung der Stadt, wie sie seit etwa 1935 in der Sowjetunion mit dem Plan zur Umgestaltung Moskaus gültig waren.[49] In mehrfacher Hinsicht ist dieser Einfluß der Sowjetunion deutlich: in der architektonischen

Sprache in Form der „Nationalen Bautradition", in der Organisation der Wohnviertel als Wohnkomplexe und in der zentralen Verantwortlichkeit des Staates für die Stadtplanung: „Die Bestimmung und Bestätigung der städtebildenden Faktoren ist ausschließlich Angelegenheit der Regierung."

Entwickelt wurden die 16 Grundsätze des Städtebaus, nach denen das spätere Eisenhüttenstadt tatsächlich geplant und gebaut wurde, während einer Studienreise führender Architekten und Baufunktionäre in die Sowjetunion vom 14. April bis 25. Mai 1950. Simone Hain hat die Umstände und Ergebnisse dieser Reise ausführlich untersucht[50] und den Vorbildcharakter sowjetischer Stadtauffassungen deutlich herausgearbeitet. In den Planungen für den Wiederaufbau der kriegszerstörten Städte Deutschlands gab es aber schon zuvor Überlegungen, wie die neuen Städte einmal aussehen sollten. Berlin als Hauptstadt hatte dabei Vorrang, jedoch wurden auch die wichtigsten Industriezentren Leipzig, Chemnitz, Dresden, Magdeburg, Dessau, Rostock, Wismar sowie Nordhausen in diese Planungskategorie einbezogen.[51] Nach Gründung der DDR im Oktober 1949 wollte man der Planung eine übergeordnete Zielstellung geben, die den Erfordernissen des neuen Staates und der sich herausbildenden sozialistischen Gesellschaftsordnung entsprach. Kapitalistische Vorbilder schieden damit in dieser Situation aus, die Erfahrungen der Sowjetunion im Städtebau, das heißt auch der Umsetzung solcher Leitlinien unter entsprechenden gesellschaftlichen und politischen Voraussetzungen in der DDR, waren unmittelbar handlungsleitend.

Welche Ziele standen hinter der Formulierung dieser bis zum Ende der DDR gültigen Grundsätze? Grundlegend war sicherlich die Vorstellung, die Städte in Abstimmung mit den Bedürfnissen der Bevölkerung wieder aufzubauen und ihre Strukturen nunmehr unabhängig vom Verwertungsinteresse der Haus- und Bodenbesitzer zu bestimmen. Dies bedeutete, zumindest in den Aufbaustädten, die Verfügung über den Boden dem Staat zu übertragen. Die neue Gesellschaft und ihre sozialen Ziele sollten zudem einen ihr angemessenen Ausdruck finden. Dies wirkte sich auf die Vorstellungen vom Stadtzentrum und die Organisation der Wohngebiete aus. In den Zentren sollten sich die wichtigsten gesellschaftlichen Bauten konzentrieren und entsprechend architektonisch hervorgehoben werden. In den das Zentrum umgebenden Wohngebieten galt dagegen der Grundsatz einer gesunden Lebensweise in Anknüpfung an die Forderungen nach „Licht, Luft und Sonne". Aber auch die äußere Gestalt, die architektonische Sprache, sollte sich auf den ideologischen Gehalt, die „fortschrittlichen Traditionen" beziehen. Drittens schließlich mußten diese Planungsvorstellungen auch durchgeführt werden. Den Kommunen konnten deshalb Planungskompetenzen entzogen und diese auf die Regierung übertragen werden. Viertens schließlich ist hervorzuheben, daß die Stadt generell als bevorzugte Siedlungsform, mehr noch als Kulturform respektiert wurde; wesentliches Ziel der städtebaulichen Grundsätze war es lediglich, ihre negativen Begleiterscheinungen durch Planung und Steuerung zu überwinden und letztlich auch eine soziale Homogenisierung anzustreben. Zwar werden Industrie, Verwaltungen und Kultur als Städtebildner genannt, jedoch die Nutzungsvielfalt gewachsener Städte negiert. Handel, Kleingewerbe und Handwerk wurden als städtebildende Faktoren nicht erwähnt. Nach Hain handelte es sich um nichts weniger, als eine „technokratische Willenserklärung gegen den überkommenen Bestand der Stadt", eine „Moderne von oben". Modernität sollte planbar sein, man rechnete mit einer anderen Gesellschaftsordnung. Es handelte sich bei den 16 Grundsätzen des Städtebaus um einen paternalistischen, staatsorientierten Ansatz, der der Versorgung der Bevölkerung dienen sollte.

Die staatlichen Leitlinien für die Umsetzung der 16 Grundsätze des Städtebaus finden sich im Aufbaugesetz vom September 1950. Wiederum in Hinblick auf den Wiederaufbau der kriegszerstörten Industriestädte und Berlins wurde die Regierung verantwortlich für die Anleitung, Lenkung und Durchführungskontrolle der städtischen Planungen. Das Ministerium für Aufbau, im November 1949 gegründet, legte gemeinsam mit dem Ministerium für Planung, der späteren Plankommission der DDR fest, welche städtebildenden Faktoren zum Tragen kommen sollten und welche Investitionen getätigt werden konnten. Die Regierung konnte nach dem Aufbaugesetz sogenannte Aufbaugebiete festlegen und dort auch Boden gegen Entschädigung enteignen. Im Aufbauministerium wurden Forschungskapazitäten konzentriert, um Städtebau, Bautechnologie und Typisierung voranzutreiben: aus dem Institut für Städtebau und Hochbau beim Ministerium für Aufbau und dem Institut für Bauwesen bei der Deutschen Akademie der Wissenschaften wurde die dem Aufbauministerium unterstellte Deutsche Bauakademie gegründet, das maßgebliche Forschungsinstitut für alle Fragen des Bauwesens.

„Nationale Bautradition", Zentrum und Wohnkomplex

Zeitgleich setzte sich eine Architektur des Neoklassizismus auch in der DDR durch, die zum Ausdruck bringen sollte, was in den 16 Grundsätzen des Städtebaus als progressive Tradition beschrieben worden war. „Nationale Bautradition" war der Begriff für die Abwendung von der modernen Architektur und die Hinwendung zu historisierenden Architekturformen, wie sie in Eisenhüttenstadt und vor allem auch in der Berliner Stalinallee verwirklicht wurden. Auf eine Kurzformel gebracht, bedeutete dies „national in der Form, demokratisch im Inhalt". Der demokratische Aspekt des Inhalts bezog sich auf die Möglichkeit der Aufhebung des Privateigentums an Grund und Boden, den Entzug der Wohnungen vom spekulativen Wohnungsmarkt, aber wohl auch allgemein auf die gesellschaftliche Einbettung. National in der Form bedeutete den Rückgriff auf die Formensprache historisch besonders positiv interpretierter Epochen. In den frühen Jahren der DDR war dies der Klassizismus der Wende vom 18. zum 19. Jahrhundert, der mit der Französischen Revolution und progressiven Tendenzen auch im deutschen Bürgertum in Verbindung gebracht wurde, also ein Höhepunkt bürgerlicher Emanzipationsbestrebungen. Damit entfernte sich die DDR bereits kurz nach ihrer Gründung von den internationalen Tendenzen in der Architektur. Unter dem Verdikt des „Kosmopolitismus", erstmals im März 1951 als Kampfbegriff gegen westliche Kultur verwendet,[52] wurden Vertreter moderner Architektur verdammt und zu Beginn der fünfziger Jahre der repräsentative Stil, wie er ab den 30er Jahren vor allem in der

Sowjetunion gepflegt wurde, durchgesetzt. Dieser sogenannte Stalin- oder Zuckerbäckerstil betonte die Monumentalität der Bauten, sie wurden durch Zierrat, aber auch in ihrer Maßstäblichkeit als Ausdruck der Macht des Volkes und des Staates interpretiert. Ruth May hat zudem darauf verwiesen, daß der Klassizismus der bevorzugte Baustil des imperialen Gestus gewesen ist. Klassizismus findet sich in den öffentlichen Gebäuden der USA genauso, wie in den Repräsentationsbauten der autoritären Regimes der dreißiger Jahre in Europa. Der Klassizismus, so May weiter, suggeriere darüber hinaus ein gesellschaftliches Harmoniemodell und sei deshalb für die Sowjetunion in ihrer nachrevolutionären Phase von besonderer Bedeutung gewesen. Für die DDR wird geltend gemacht, daß damit der Wiederaufbau als Aufgabe des ganzen Volkes in den Vordergrund gestellt wurde, also eine klassenübergreifende Aufgabe. Ziel sei die Hervorhebung der Gemeinsamkeiten gewesen, „eine Art überparteilicher Antifaschismus". Radikalere Lösungen wurden als „Bauhausstil" verdammt und, analog zum generellen Kosmopolitismus-Verdikt, seit Frühjahr 1951 rigoros verdrängt.

Mit der architektonischen Hervorhebung der Stadtzentren ging eine an politischen Fragen orientierte Nutzungsvorstellung einher. Mittelpunkt war nicht mehr der Marktplatz, d.h. die gewerbliche Basis der Stadt (und natürlich schon gar nicht die Kirche), sondern die staatlichen Repräsentationsbauten. Die Bevölkerung sollte das Zentrum zu politischen Demonstrationen und Aufmärschen benutzen, wie in den 16 Grundsätzen formuliert wird. Hier wird ganz deutlich, daß offensichtlich eine formierte, politisch organisierte Stadtbevölkerung vorgesehen war, deren öffentliche Präsenz rein akklamatorischen Charakter hatte.

Teils politischen Organisationszwecken, mehr aber noch rationaler Organisation von Grundbedürfnissen dienten die Wohnkomplexe. Es handelt sich um eine Reformulierung von Planungsprinzipien des Städtebaus aus den ersten Jahrzehnten des Jahrhunderts, als man Nachbarschaftsgeflechte als Planungsgrundlage des Städtebaus heranzog. Welche Größe muß eine Nachbarschaft aufweisen, damit alle notwendigen Versorgungseinrichtungen zur Verfügung gestellt werden können? Als Bezugsgröße wurden allgemein etwa 5000 Bewohner angenommen, eine Größe, die eine Grundschule mit 750 Schülern erforderte. Angegliedert sein sollten Kindergarten, Kinderkrippe, ein lokales Einkaufszentrum, im sozialistischen Wohnkomplex noch ein Kulturzentrum.

Bei deutlicher Aufrechterhaltung rationaler Kriterien im Städte- und Wohnungsbau bleibt doch so etwas wie ein symbolischer Überhang zu konstatieren, in den auch die neu zu errichtende Wohnstadt des Eisenhüttenkombinats eingeordnet ist. Das spätere Eisenhüttenstadt ist in mehrfacher Hinsicht – Nationale Bautradition, Organisation in Wohnkomplexen, Planung von Städtebildungsfaktoren, Staatliche Planung und Kontrolle – ein direkter Ausfluß der 16 Grundsätze des Städtebaus.

Schritte der Stadtplanung 1950-1953

Dennoch lag nicht von Anfang ein fertiger Plan vor. In den Jahren ab 1950 wurde mit wechselnden Argumenten und Akteuren versucht, die Planung der Stadt voranzutreiben. Insofern stellt sich der Aufbau der Wohnstadt keineswegs als gradliniger Vollzug der Vorgaben der 16 Grundsätze des Städtebaus und schon gar nicht als Beispiel für die Vorzüge zentraler Planung dar. Ein Planentwurf folgte dem anderen, es wurde gebaut, ohne daß alle notwendigen Pläne vorlagen, und aus der Kritik des Gebauten erwuchsen neue Forderungen, die wiederum Planänderungen notwendig machten. Im folgenden wird versucht, zumindest für die Gründungsphase Eisenhüttenstadts die wichtigsten Schritte zu beschreiben.

Parallel zu den bereits laufenden Planungen des Industrieministeriums schaltete sich das Aufbauministerium ein. Legitimiert durch die Verabschiedung der 16 Grundsätze und des Aufbaugesetzes, die ihm die Planungshoheit zusprachen, zog es die Kompetenzen beim Aufbau der Wohnstadt an sich. Zunächst ging es um die Lage der Stadt. Etwa Mitte Oktober wurden durch das Aufbauministerium fünf Standorte geprüft (s. Anlage, Dokument 2). Erstens ein Gelände nördlich Fürstenbergs entlang der Straße nach Vogelsang, das bis heute nicht bebaut ist, zweitens eines südlich der Straßenverbindung Fürstenberg-Schönfließ im Bogen des Oder-Spree-Kanals und beiderseits der Bahnlinie nach Guben; dort befindet sich heute der VI. und VII. Wohnkomplex sowie das Fürstenberger Industriegelände. Dritter Standort war ein Gebiet südöstlich von Fürstenberg zwischen Kanal und Oder, wo sich damals wie heute das Auengebiet des Flusses erstreckt. Viertens westlich der Pohlitzer Seen und nördlich des Pohlitzer Mühlenfließes, auch heute noch ein Waldgebiet am nördlichen Rand des EKO. Fünftens schließlich ein Gelände südlich von Schönfließ, das sich im Osten vom Oder-Spree-Kanal bis zu den Diehloer Bergen im Westen erstreckt. Anfangs wurde der Standort westlich der Pohlitzer Seen bevorzug, auf den sich auch die erste Siedlungsplanung Ehrlichs bezog. Kurze Zeit darauf, als am 20.10.1950 das Gelände erneut von einer Kommission besichtigt wurde, einigte man sich auf den fünften Standort, da das ursprünglich favorisierte Gelände zu weit von Fürstenberg entfernt lag und eine städtetechnische Erschließung zu teuer geworden wäre.[53]

Doch damit war die Sache noch keineswegs entschieden. Das Industrieministerium machte geltend, daß der gewählte Standort auf einem Abbaugebiet von 100 Millionen Tonnen Braunkohle gelegen sei, das etwa 20 Jahre später abgebaut würde.[54] Es ging letztlich um die Frage, welches Industrieprojekt den Vorrang erhalten sollte, die Kohle oder der Stahl. In diesen Auseinandersetzungen mußte Ministerpräsident Otto Grotewohl vermitteln, so daß letztlich erst am 14. November 1950 ein Beschluß des ZK der SED über den Standort der Wohnstadt zustande kam. Die „wichtige politische und gesellschaftliche Lage bei Fürstenberg" gab den Ausschlag. Die Kohleabbaugrenze begleitete die Entwicklungsplanung Eisenhüttenstadts jedoch weiterhin: 1956 mußte die Bergbaugrenze nach Süden verschoben werden, bevor eine Erweiterung der ursprünglich geplanten Kernstadt durch einen V. Wohnkomplex in Angriff genommen werden konnte.

Während der Standort der Stadt nunmehr drei Monate nach Beginn der Rodungsarbeiten auf dem Werksgelände feststand, wurde über die Stadtplanung und das Aussehen weiterhin diskutiert. Noch während der erste Stadtentwurf des Industrieministeriums entwickelt wurde, schrieb das Aufbauministerium einen beschränkten

Wettbewerb aus, an dem drei ausgewählte Architekten teilnahmen. Keiner der Entwürfe konnte befriedigen, so daß der Siegerentwurf von Kurt Junghanns durch einen Architekten des Aufbauministeriums, Otto Geiler, noch im Oktober 1950 überarbeitet wurde. Dieser Plan wurde dann von einem Expertengremium der Deutschen Bauakademie am 8.2.1951 diskutiert. Die Kritik war so stark, daß die Planung für die Wohnstadt nun an Richard Paulick und seine Meisterwerkstatt an der Bauakademie übertragen wurde. Bereits Ende Februar wurde bei einer weiteren Besprechung auch dieser Entwurf wieder so stark kritisiert, daß die Planung an einen anderen Architekten überging, Kurt W. Leucht. Die Kontroversen fanden schließlich am 14.4.1951 ein Ende, als unter Beisein des Aufbauminsters Lothar Bolz der Leucht-Entwurf mehrheitlich angenommen wurde.

Worum ging es bei diesen Kontroversen? Offensichtlich ist, daß die 16 Grundsätze des Städtebaus von Anbeginn für alle Planer verbindlich waren. In der äußeren Form jedoch unterschieden sie sich voneinander. Franz Ehrlich hatte eher eine Strukturplanung vorgelegt, als einen architektonisch durchkomponierten Entwurf; zudem hatte er noch für den ursprünglichen Standort nördlich des Hüttenkombinats geplant. Aus späterer Sicht galt dieser Entwurf als „kosmopolitisch" und damit den Zielen der DDR nicht zuträglich. Otto Geilers Entwurf dagegen erinnerte die Zeitgenossen an den nationalsozialistischen Siedlungsbau. Es wurde aber im Verlauf der Diskussion immer deutlicher, daß weder eine reine Werksiedlung, noch eine durchgrünte, aufgelockerte Stadt errichtet werden sollte, sondern eine kompakte Stadtanlage. Dazu gehörten nicht nur die entsprechenden städtischen Funktionen, sondern auch ein angemessenes städtisches Äußeres. Offensichtlich war aber im Winter 1950/51 gar nicht klar, wie eine solche Stadt aussehen könnte. Die Stadtgestalt wurde erst in einer weiteren Planungsrunde 1951/52 ausgearbeitet. Einige wesentliche Eckpunkte des Stadtplans waren dennoch festgelegt worden. So sollte die Verbindung zwischen Stadt und Werk durch ein repräsentatives Werktor hervorgehoben werden, eine Nahtstelle, an der auch wichtige öffentliche Gebäude konzentriert waren. Vom Werkeingang sollte eine Straßenachse, die Magistrale, ins Stadtzentrum führen, das als zentraler Platz für Demonstrationen gedacht war. Geplant wurde, nachdem die voraussichtlichen Beschäftigtenzahlen vom Industrieministerium endlich abgefordert waren, für eine Stadt von 25 bis 30 000 Einwohnern, gegliedert in einzelne Wohnkomplexe. Diskutiert wurde die Lage einzelner Einrichtungen wie des Bahnhofs, der Verlauf einer Hochspannungsleitung und ähnliches. Auch das Straßenraster war wiederholt Gegenstand von Debatten. Für die folgenden Jahre wesentlich sind Forderungen, daß die Planung eine gewachsene Stadt imitieren solle, also die Abkehr von allen siedlungsähnlichen Vorstellungen.[55]

Dennoch: es mußte gebaut werden. Bereits 1950 hatte das Industrieministerium wesentliche Mittel für den Aufbau der Wohnstadt bereitgestellt, u.a. für die damals bereits errichtete Barackenstadt.[56] Wichtig war, einen Planungsvorlauf für den Wohnungsbau zu erreichen, denn 1951 sollten 460 Wohnungen in zehn Häuserblocks fertiggestellt werden. Im November 1950 wurden Entwürfe für drei Bautypen eingereicht, jedoch lediglich einer, der Typ 514, in der Folgezeit intensiv durchgeplant.

Mitte Dezember 1950 fiel die Entscheidung, zunächst diesen Typ zu bauen.[57] Das Industrieministerium hatte kritisiert, daß der Wohnungsbau in Fürstenberg nicht beginnen könne, solange keine Typenplanungen und Bauzeichnungen vorlägen. – Bereits im November 1949 hatte der Architekt Hanns Hopp den Auftrag zur Entwicklung von Typenbauten erhalten, die den Wohnungsbau durch eine Vorgabe von 10 000 Mark Baukosten pro Wohnung verbilligen sollten.[58] Die Typen waren dementsprechend knapp kalkuliert, ihre Raumgröße begrenzt, die Deckenhöhe niedrig. 1951 kamen in den ersten Wohnbauten der Wohnstadt Nachfolger dieser ersten Entwürfe, nämlich die Typen 514, 522 und 523 zum Einsatz. Der zunächst gebaute Typ 514 enthielt nur 2-Zimmer-Wohnungen. Seine Wohnungsgrößen wurden als knapp, die Deckenhöhe mit 2,70 Metern als zu niedrig kritisiert. Am 17.2.1951 war es dann soweit: die Baustelle der Wohnstadt wurde eröffnet, an einer Stelle, von der man annahm, daß hier tatsächlichen Wohnungen zu bauen seien, denn eine Stadtplanung für den ersten Wohnkomplex lag endgültig noch gar nicht vor. Die ersten Wohnungen waren im September 1951 bezugsfertig, weitere folgten im Dezember 1951 und Januar 1952.

Als die ersten Wohnungen der Wohnstadt im Spätsommer 1951 bezugsfertig waren, erwiesen sie sich als den Vorstellungen der Politiker wie der Öffentlichkeit wenig entsprechend. Otto Grotewohl war bei einem Besuch in der Stadt offensichtlich erschüttert, in der Betriebszeitung des EKO wurden sie als „schmucklose Kästen" beurteilt[59]. Die Bewohner dieser Wohnblöcke kritisierten, daß es nicht genügend Raum für ihre Möbel gäbe. Bei einem Besuch Walter Ulbrichts am 18. Januar 1952 wurde die Kritik öffentlich gemacht und von Ulbrich noch dahingehend ergänzt, daß die Häuser zu schmucklos seien. Weitere Detailkritik führte dazu, daß die Deckenhöhe auf 3 Meter angehoben wurde, die Fassaden schmückende Elemente erhielten und die Wohnungen insgesamt vergrößert wurden. Allerdings stiegen auch die Baukosten dadurch erheblich. 14 Tage nach seiner Inspektionsreise berichtete Ulbricht dem Politbüro der SED, das eine „Direktive zur Entwicklung von Maßnahmen zur Beschleunigung der Aufbauarbeiten im Eisenhüttenkombinat Ost" erließ. Der Ministerrat folgte mit der Forderung nach „Überprüfung der Pläne für die Wohnstadt des Eisenhüttenkombinats Ost" und verlangte, daß die Typenpläne generell überarbeitet werden sollten. Daraufhin kündigte die Deutsche Bauakademie für den Sommer solche Überarbeitungen an. Bereits wenige Tage nach dem Ministerratsbeschluß schlug sie dem Aufbauministerium vor, Josef Kaiser zum Chefarchitekten für die Wohnstadt zu machen und eine eigene „Meisterwerkstatt Fürstenberg" zu schaffen. Mit der Konzentration auf eine eigene Planergruppe unter einem verantwortlichen Chefarchitekten wollte man die Arbeit endlich effektiver gestalten, doch Kaiser trat nach kurzer Zeit von seinem Amt zurück, weil weder seine Kompetenzen noch seine Bezahlung geregelt waren.

Im April 1952 endlich konnte der Bebauungsplan in einer neuen Fassung diskutiert werden. Zugleich war die wechselnde Organisation der Planungen Ursache dafür, daß es auf der Baustelle nicht voranging. Es fehlte im Frühjahr 1952 an Projektierungsunterlagen, Bauarbeitern und Material. Unter Leuchts Leitung kam es zu einem erneuten Anlauf, die Probleme in Fürstenberg zu meistern. Zusammen mit der Betriebsgewerkschaftleitung der Bau-Union wurde ein Kampfplan ausgerufen, um die Baurückstände aufzuholen, die Plankommission mußte andere Baustellen schließen, um den Bedarf der Wohnstadt zu decken. Ein Sonderbeauftragter und ein neuer Baustellenleiter wurden berufen. Das Wohnungsbauprogramm für 1952 konnte nicht erfüllt werden und entsprach offensichtlich auch nicht den Vorstellungen der Partei. Schon im Politbürobeschluß vom 5. Februar 1952 heißt es: „Die Besichtigung der neugebauten Wohnstadt ... ergab, daß die Architektur der Straßen und Gebäudekomplexe nicht unseren Auffassungen über die deutsche Architektur gerecht wird. Das Politbüro fordert die Genossen im Ministerium für Aufbau auf, sich sofort noch einmal eingehend mit den Aufbauplänen zu beschäftigen und verpflichtet sie, die jetzt geltenden Gesichtspunkte zu berücksichtigen."[60] Diese „jetzt geltenden Gesichtspunkte" waren die 1951 durchgesetzte „Nationale Bautradition". In den Folgezeit ist für die Planungen offensichtlich, daß man nach einer angemessenen Architektursprache suchte, und so wurden die Entwürfe immer aufwendiger im Dekor; jedoch auch die Lage der Wohngebäude im Straßenblock veränderte sich: Wurden die ersten Bauten noch locker in den Raum gestellt, so ging man nun zur Blockrandbebauung über, um einen stärker „städtischen" Charakter der Wohnbereiche zu erreichen.

Auch die Lage der neuen Stadt zu Fürstenberg klärte sich. Hatte bei der Standortwahl für die Wohnstadt noch die Nähe zur bereits ausgebauten Kleinstadt an der Oder den Ausschlag gegeben, weil deren Infrastruktureinrichtungen genutzt werden konnten, so blieb das Verhältnis lange Zeit doch zwiespältig. Einerseits wurde langfristig mit einer strukturellen Einheit gerechnet,[61] andererseits wurde die Wohnstadt zunächst weitgehend isoliert von ihrem Umland konzipiert. Es war also zu Jahresbeginn 1952 noch vieles offen.

In dieser Situation bot sich Kurt Leucht als leitender Planer an. Im Frühjahr 1952 hatte er einen Entwurf vorgelegt, der bereits vergleichsweise nahe an dem später verbindlichen Plan lag. Diese Neufassung des Stadtplans bestätigte der Ministerrat am 15.5.1952. Im August desselben Jahres wurde Leucht als „Generalprojektant" verantwortlicher Leiter für Planung und Ausführung der Wohnstadt Fürstenberg. Projektierungsfachleute wurden in seinem Büro konzentriert, das binnen kurzem von 40 auf 650 Mitarbeiter wuchs. Die neue Linie bedeutete: Konzentration der Kräfte und individuelle Verantwortlichkeit, Folge der vergeblichen Versuche, die eklatanten Baurückstände, die etwa 50 Prozent im Oktober 1952 ausmachten, aufzuholen. Tatsächlich ist der Entwurf Leuchts für die Wohnstadt bis Ende der 50er Jahre verbindlich geblieben, auch wenn er selbst bereits nach kurzem wieder abgelöst wurde.

Man versprach sich von der Übertragung der Verantwortlichkeit auf Leucht nicht nur eine energische Leitung der Aufbauarbeiten, sondern auch die Durchsetzung der politischen Leitlinie der Partei und ihre Anwendung auf die Wohnstadt. Vom 9. bis 12. Juli 1952 hatte die 2. Parteikonferenz der SED den Aufbau des Sozialismus beschlossen und die Wohnstadt geriet zu dessen Musterprojekt. Diese herausragende Bedeu-

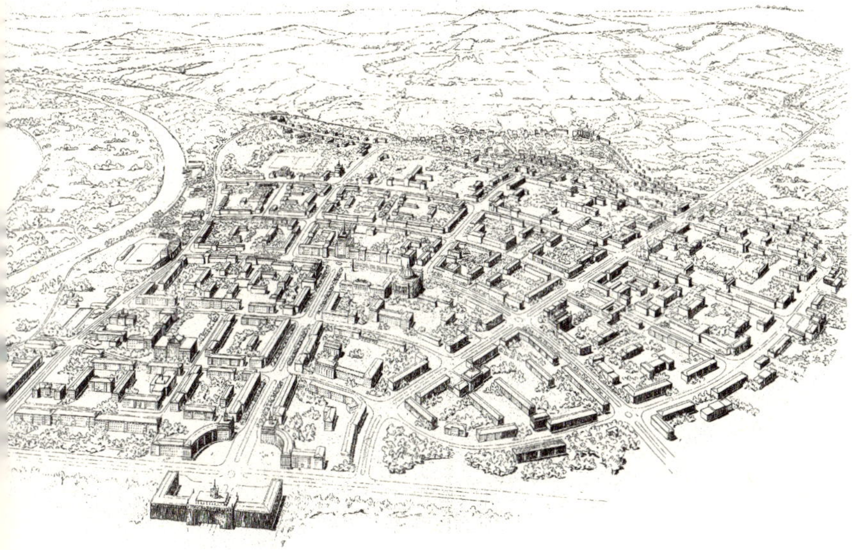

Stadtanlage der Wohnstadt, Entwurf Kurt W. Leucht, Stand 1952

tung hatte sich schon im Juli 1951 angedeutet, als Leucht ausführte: „Die Wohnstadt des Eisenhüttenkombinats Ost ist ein Beispiel fortschrittlicher Städtebauplanung nach den Grundsätzen der antifaschistisch-demokratischen Ordnung" und sei „ein sichtbarer Ausdruck für den wirtschaftlichen und kulturellen Aufschwung der Deutschen Demokratischen Republik."[62] Mit der 2. Parteikonferenz wurde die Wohnstadt ab sofort zur „ersten sozialistischen Stadt Deutschlands". In ihrem Gefolge wurde die architektonische Ausgestaltung der Stadt noch einmal Gegenstand öffentlicher Diskussion. In einem Beitrag Leuchts in der Zeitschrift Deutsche Architektur[63] wurde die Wohnstadt im Stil der Nationalen Bautradition und als Abbild sowjetischer Architektur dargestellt und als „erstes großes Beispiel sozialistischen Städtebaus" proklamiert. Eine Kommission mit auch örtlichen Vertretern traf im Herbst 1952 zusammen, um die Planungen vor Ort zu begutachten und Vorschläge zu erarbeiten, im Dezember 1952 trat ein „Provisorischer Beirat für Architektur und Städtebau"[64] zusammen, um die Planungen zu diskutieren. Immer noch wurde eine geschlossene künstlerische Konzeption vermißt, die Konzentration der Stadt auf das Zentrum gefordert. Es ging bei den Auseinandersetzungen um die Frage, wie die Architektur der Nationalen Bautradition konkret aussehen solle. Der Häuserblock an der Karl-Marx-Straße zwischen Straße der Jugend und Straße der Republik wurde als stilbildend angesehen. Am Zentralen Platz sollten Turmhäuser entstehen, ebenso am Werkeingang, Kolonaden wurden geplant. Die Architektur der Stadt sollte „Ausdruck des wachsenden Reichtums der sozialistischen Gesellschaft" sein.

Wohn- und Geschäftsbebauung im Stil der Nationalen Bautradition, erbaut 1953/54, Straße der Jugend, Wohnkomplex II (Foto: Fricke)

Zugleich kam es zu erneuten Schwierigkeiten bei der Projektierung. Schon bevor im Mai 1953 eine mit hochrangigen Architekten besetzte Kommission eine Begehung der Baustelle durchgeführt und 37 Kritikpunkte zusammengetragen hatte, war Kurt Leucht das nächste Opfer: er wurde im April 1953 von seiner Position als Chefprojektant entbunden. Ihm wurde vorgeworfen, seine Planungen für die Wohnviertel würden „siedlungsmäßigen Schematismus" aufweisen, seine Terminzusagen seien leichtfertig gesetzt aber nicht gehalten worden, es wurden zahlreiche Detailvorschläge für die architektonisch Gestaltung gemacht. Obwohl Leucht in der kurzen Zeit seines Wirkens die Gestalt der Stadt maßgeblich bestimmt hatte, scheiterte er an den ideologischen Auseinandersetzungen um die Ästhetik der Nationalen Bautradition und vor allem an der Unmöglichkeit, die Großbaustelle organisatorisch in den Griff zu bekommen.[65] Dort fehlte es, ganz im Gegensatz zu den großartigen Entwürfen für ein repräsentatives Aussehen, an Baumaterialien, die Bewohner kritisierten die Ausstattung der Wohnungen ebenso wie das Fehlen sozialer und kultureller Nachfolgeeinrichtungen, eine Forderung, die nach dem 17. Juni 1953 auf fruchtbaren Boden fiel. Ganz im Sinne des 1. Fünfjahrplans und der Ergebnisse der 2. Parteikonferenz waren die vorhandenen Mittel in das EKO investiert worden, für die Stadt nur der Wohnungsbau geblieben. Erst mit dem Kurswechsel auf einen „Neuen Kurs" wurden tatsächlich Nachfolgeeinrichtungen in schneller Folge gebaut. Zugleich hielt man jedoch an der repräsentativen, symbolbehafteten Seite der Stadt fest. Zwei Aspekte seien hier genannt: der Stadtname und die Planungen für das Stadtzentrum.

Die „Wohnstadt bei Fürstenberg" oder „Wohnstadt des Eisenhüttenkombinats Ost" war als eher technisch-geographischer Name für die Großbaustelle wenig geeignet, die Bedeutung des Projekts für die DDR zum Ausdruck zu bringen. Seit Sommer 1952 „erste sozialistische Stadt Deutschlands", später „Stadt der Metallurgen" genannt, erhielt sie Beinamen, die ihr Gewicht unterstreichen sollten. Hinsichtlich eines künftigen Stadtnamens hatte schon im April 1951 die Parteiorganisation des Ministeriums für Aufbau beim ZK der SED den Antrag gestellt, die Wohnstadt in „Thälmannstadt" zu benennen. Im Frühjahr 1953, als aus der entstehenden Stadt gerade ein eigenständiger Stadtkreis organisiert worden war, wurde „Karl-Marx-Stadt" als künftiger Name diskutiert. Die Namengebung war bereits auf den 14. März, Marx 70. Todestag, festgelegt, als Stalin am 5. März 1953 verstarb. Daraufhin wurde ein Wechsel vorgenommen und am 7. Mai, dem Vortag des Jahrestages des Kriegsendes, erhielt die Stadt in einem Festakt den Namen "Stalinstadt" zugesprochen. Das EKO wurde in „Eisenhüttenkombinat J.W.Stalin" (EKS) umbenannt. Damit erhielt die neue Stadt den in dieser Zeit denkbar ehrenvollsten Namenspatron zugesprochen. Karl-Marx-Stadt blieb für Chemnitz.[66]

In seiner Rede zur Namensgebung am 7. Mai 1953 hatte Ulbricht Charakter und Aussehen der Stalinstadt beschrieben. Wie nebenbei ließ er auch durchblicken, dass man ohne die zuvor noch projektierten Kirchen auszukommen gedachte. Türme würden das Rathaus und das Kulturhaus erhalten, mehr aber nicht. In der Tat war die Situation für die Kirchen in der Stadt äußerst angespannt. Eine provisorische Kirchenbaracke der katholischen Kirche wurde demoliert, Gottesdienste und Gemeindeleben der evangelischen Kirche mussten zunächst in einem Missionswagen stattfinden und erst nach dem 17. Juni erhielt die Kirche eine Baracke. Ein massiver Kirchbau wurde 1955 begonnen, jedoch von den Staatsorganen wieder gestoppt. Erst 1981 konnte ein evangelisches Gemeindehaus in Eisenhüttenstadt unter nunmehr völlig veränderten politischen Bedingungen eingeweiht werden.[67]

Ebenfalls von hohem Symbolcharakter war die Gestaltung des Stadtzentrums, das bislang zugunsten des Wohnungsbaus zurückgestellt worden war. Mitte 1953 wurde festgestellt, daß die Planungen für das Zentrum von Stalinstadt gegenüber anderen Aufbaustädten um etwa ein Jahr zurücklagen. In der Folge wurden acht Entwurfskollektive aufgefordert, Ideenentwürfe zu erarbeiten. Wiederum kam es nicht zu einem eindeutigen Ergebnis. Teils wurden städtebaulich-gestalterische Ideen, teils eine an barocke Traditionen erinnernde Bearbeitung des Werkeingangs gelobt, teils die Randbebauung des Zentralen Platzes. Doch erneute Personalwechsel, so u.a. die Einsetzung eines neuen Chefarchitekten, eines neuen Leiters der „Entwurfsgruppe Stadtplanung Stalinstadt", der aber ebenfalls nur kurze Zeit in dieser Funktion verblieb, die Verpflichtung des Vizepräsidenten der Deutschen Bauakademie und bedeutenden Vertreter der Schule der „Nationalen Bautradition", Edmund Collein, zum Konsultanten, daneben aber auch noch Leucht, der mit der Stadt Stalinstadt einen Patenschaftsvertrag abschloß und auch weiterhin die Planungen für die Stadt mitbestimmte, schließlich auch die Ablösung des Aufbauministers Lothar Bolz, dies alles geschehen 1953, führten erneut zu Verzögerungen. Erst im Mai 1954 befaßte sich der Architekturbeirat mit den vorliegenden Entwürfen für Magistrale und Zentralen Platz, kam aber nicht zu einem einhelligen Urteil. Es bestanden unter anderem Zweifel, ob eine Stadt mit 30 000 Einwohnern überhaupt die nötige Baumasse aufweise, um eine „sozialistische Stadt" zu sein, es fehle an einem ökonomischen und gesellschaftlichen Perspektivplan, ohne den das Zentrum nicht errichtet werden könne. Auch durch einen Besuch auf der Baustelle im November 1954 konnte keine Lösung gefunden werden und der Architekturbeirat beauftragte daher Kurt Leucht, bis zum Sommer 1955 eine endgültige architektonische Gestalt für das Stadtzentrum zu finden.[68] Dazu kam es jedoch nicht mehr. Ein grundlegender Kurswechsel in der Baupolitik, der alle Planungen obsolet machte, ging von der Sowjetunion aus, wo Chruschtschow auf der Allunionskonferenz der Bauschaffenden im November 1954 eine neue Bauauffassung gefordert hatte: Einsparungen bei den Baukosten durch Typisierung und Vorfertigung von Normbauteilen, eine Abkehr vom Repäsentationsstil waren die entscheidenden Stichworte. Im Januar 1955 wurde in der DDR eine deutsche Übersetzung verbreitet und es folgte ein Beschluß des ZK der SED vom 1.2.1955 über „Die wichtigsten Aufgaben des Bauwesens", der den Moskauer Richtungswechsel nachvollzog. Wirksam wurde er durch eine Baukonferenz der Deutschen Bauakademie im Frühjahr, auf der die Losung „Schneller, besser, billiger bauen" propagiert wurde.[69] Für Stalinstadt wirkten sich diese Beschlüsse mit Verzögerung aus. Die Planungen für den III. Wohnkomplex wurden weiter im Stil der Nationalen Bautradition, auch der Gesamtplan der Stadt weitergeführt, ohne daß es zunächst zu einem grundsätzlichen Paradigmenwechsel kam. Erst mit dem IV. Wohnkomplex wurde die Wendung deutlich, man baute in Zeilen und mit Fertigelementen (Großblock-Bauweise).[70] Das Stadtzentrum, Magistrale und Zentraler Platz, wurde vorerst nicht gebaut.

Die Wohnkomplexe I bis IV

Die in den fünfziger Jahren errichtete Kernstadt für 25 bis 30 000 Einwohner zeigt eine geschlossene Stadtanlage, unterteilt sich in vier Wohnkomplexe, mit einem Zentralen Platz im Zentrum und einer Magistrale (heute Lindenallee), die Stadtzentrum und Werktor verbindet. „Unverkennbar ist die Absicht, in der Gesamtstruktur der Wohnstadt an die Radialsysteme barocker Stadtbaukunst anzuknüpfen, um eine einprägsame, klar gegliederte und hierarchisch gestufte Stadtgestalt zu erhalten. Aus diesem Grund wurde der Werkeingang regelrecht als Ziel- und Angelpunkt der Stadtanlage inszeniert wie einst die Residenzschlösser des 17. und 18. Jahrhunderts."[71] Diese Struktur des ersten Leuchtschen Stadtentwurfs von 1951 wurde zwar bis 1953 mehrfach modifiziert, blieb jedoch für die gesamten 50er Jahre im Kern gültig. Erst- und letztmalig in der DDR wurde eine ganze Stadt als geschlossene, eigenständige Anlage, als Gesamtkunstwerk geplant und weitgehend auch gebaut.

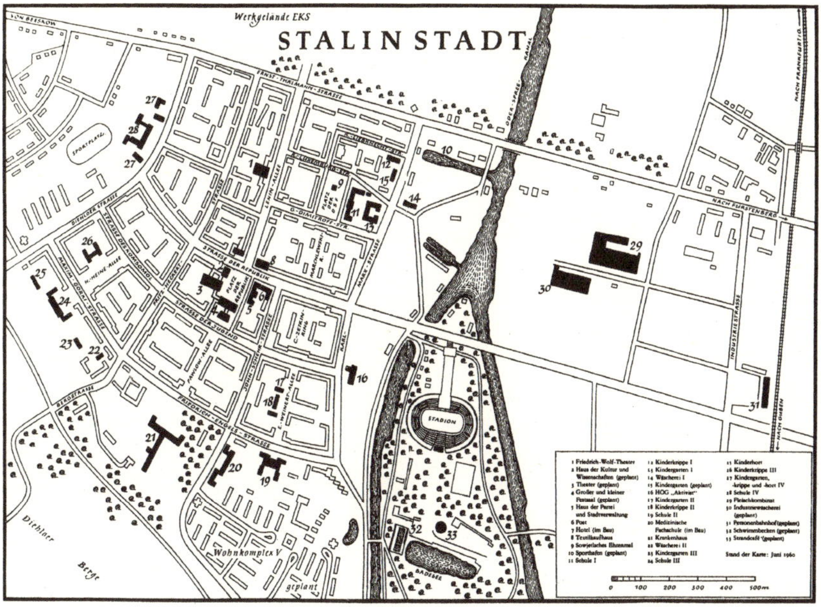

Stalinstadt, um 1960. Der Plan zeigt die Wohnkomplexe I bis V

Die Wohnstadt des Eisenhüttenkombinats entstand südlich der Verbindungsstraße zwischen Schönfließ und Fürstenberg in Form eines Trapezes. Die Karte zeigt deutlich die klare Begrenzung des Stadtgrundrisses: Richtung Osten schließt sich der Oder-Spree-Kanal an, bevor nach der Bahnlinie die Stadt Fürstenberg beginnt, nach Westen läuft die Stadt in Richtung des Dorfes Schönfließ aus. Während im Norden das Werksgelände des Eisenhüttenkombinats für eine klare Grenze sorgt, wird im Süden Ende der 50er Jahre ein fünfter Wohnkomplex ergänzt.

Der Kern der Stadt besteht aus dem Zentrum, einer Magistrale, die Werkeingang und Zentralen Platz verbindet, und vier Wohnkomplexen, die sich im Uhrzeigersinn im Nordosten beginnend gruppieren.

Der Wohnkomplex I wurde in den Jahren 1951/52 erbaut. Seine erste Häuser sind die bereits beschriebenen Typenbauten entlang der Karl-Liebknecht-Straße. Die Wohnbebauung wird im Sinne der Nationalen Bautradition weiterentwickelt, das heißt die Häuser erhalten schrittweise gliedernde, dekorative Fassadenelemente. Im Zentrum des Wohnkomplexes I liegt der Platz des Gedenkens, hierher wurden die Gebeine von mehr als 4000 verstorbenen Kriegsgefangenen aus dem Stalag III B umgelagert. Ein Obelisk ziert das Denkmal für die Verstorbenen.

Der II. Wohnkomplex, der sich südlich der Straße der Republik anschließt, ist das Musterbeispiel der Nationalen Bautradition. 1953/54 errichtet, präsentiert er sich in neoklassizistischer Architektur, die Baublöcke sind monumental am Blockrand angeordnet und umschließen große Innenhöfe. Das Achsensystem, das die Stadt untergliedert, ist hier deutlicher erkennbar. Jeweils am Ende der Grünachsen Erich-Weinert-Allee und Pawlow-Allee stehen öffentliche Gebäude. Über das Viertel verteilte Geschäftszentren sind teilweise durch Arkaden hervorgehoben. In seinem reichen Fassadenschmuck, ausgeprägter Symmetrie und über vier Geschosse hoch gezogene Fassaden erscheint der II. Wohnkomplex wie eine Wiederholung der Berliner Stalinallee.

Der Wohnkomplex III, errichtet 1955-1957, ist demgegenüber weiträumiger angelegt. Obwohl auch er noch im Stil der Nationalen Bautradition gestaltet wurde, dominiert hier nicht der monumentale Klassizismus, sondern ein an die Romantik angelehnter „Heimatschutzstil". Die klaren Achsen werden aufgegeben, typisch ist die leicht geschwungene, parkähnlich angelegte Heinrich-Heine-Allee. Die Bebauung wird auf drei Geschosse zurückgenommen, der Fassadenschmuck zeigt Tier- und Pflanzenmotive.

Klar von den vorherigen historisierenden Formen unterscheidet sich der IV. Wohnkomplex im Nordwesten der Stadt. 1958 bis 1961 erbaut, zeigen die Wohngebäude eine nüchterne, nur durch Farbakzente hervorgehobene Form. Die Häuser sind in Großblockbauweise errichtet: etwa ein Quadratmeter große vorgefertigte Betonteile werden auf der Baustelle montiert. Die Blockrandbebauung wird zugunsten von auf das Gelände verteilten Wohnhäusern aufgegeben, obwohl das ursprüngliche Straßenraster erhalten bleibt.

Die Wohnstadt sollte nach dem Stadtplan von Kurt Leucht klar abgrenzende Stadtränder zeigen. Damit war die Eigenständigkeit der Stadt, ihre Trennung zu den beiden angrenzenden historischen Orten Schönfließ und Fürstenberg gegeben. Mit Recht spricht der Architekturhistoriker Wolfgang Kil vom „letzten Monolith" der Stadtbaugeschichte in Deutschland. Deutlich erkennbar sind die harten Stadtgrenzen auch heute noch gegenüber dem Werkgelände des EKO und Richtung Osten, wo die Kanalgrenze erst in den 60er Jahren überschritten wurde und die dort später errichteten Wohnkomplexe deutlich von der Kernstadt abgetrennt sind. Dennoch gab es auch weiche Übergänge. So bildete die Wohngruppe am Gartenfließ im Westen der Stadt einen Anschluß an das Dorf Schönfließ, im Süden fügt sich die Wohnstadt an die landschaftlich reizvollen Diehloer Berge, die als öffentliches Grün in die Stadtplanung einbezogen worden waren. Ein Blick auf den Stadtplan zeigt den Grundriß auch heute noch klar, die Kernstadt bildet, trotz unterschiedlicher architektonischer Sprachen, eine Einheit.

3.3. Erfahrung und Verarbeitung. Eisenhüttenstadt in Literatur und Kunst

Eisenhüttenstadt ist die gebaute Utopie der frühen DDR-Jahre. Nicht allein in wirtschaftlicher Hinsicht ein Zwang, ist die Stadt in Architektur und Städtebau ein Manifest des Neuen, eine aus der Sowjetunion übernommene und auf die DDR angewandte Stadtinterpretation, ein politisches und kulturelles Zeichen ersten Ranges. Stand die Berliner Stalinallee für den Wiederaufbau der kriegszerstörten Städte und den Beleg, daß aus einem elenden Arbeiterquartier des Berliner Ostens eine Allee des Sozialismus geschaffen werden könne, so ist die neue Wohnstadt für das Hüttenkombinat Symbol für etwas gänzlich Neues: hier sollte sich die sozialistische Gesellschaft, ungetrübt von historischen Belastungen, entwickeln, der neue Mensch entstehen, die Stadt und das Werk als Labor einer künftigen Gesellschaft, Kultur und Lebensweise zeigen.

Es ist deshalb kaum verwunderlich, daß Stadt und Werk praktisch unmittelbar Gegenstand öffentlicher Aufmerksamkeit wurden. Das neue Stadt- und Gesellschaftsmodell korrespondierte dabei mit einem breit angelegten Versuch der kulturellen Aneignung, der künstlerischen Begleitung und Verarbeitung des gesellschaftlichen Wandels. In Auseinandersetzung mit ihrem Entstehen sollten Ausdrucksformen erprobt werden, die, wie in der architektonischen Sprache, der neuen Gesellschaft adäquat sein würden. Das Experimentelle lag, wie im folgenden ausgeführt wird, in der Form, der als „sozialistischer Realismus" bekannt ist, und zugleich in der Arbeitsweise. Die Künstler suchten die Nähe zum Gegenstand, fuhren auf die Baustelle bei Fürstenberg, nicht nur, um eine möglichst plastische Beschreibung durch eigenen Augenschein zu erreichen, sondern um durch Teilnahme an der Arbeit und Diskussion mit den Beschriebenen ihre künstlerische Arbeit als einen Prozess der Unmittelbarkeit und des Austausches zu praktizieren.

Binnen weniger Jahre entstanden auf diese Weise Werke, in denen das spätere Eisenhüttenstadt als Beispiel für den sozialistischen Aufbau und die Vorstellungen von einer künftigen Gesellschaft in der DDR stand. Dies ermöglicht es uns, ein über das Faktengerüst und das heutige Aussehen der Stadt hinausgehendes Bild zu entwerfen, die sozialen Umstände, historischen Hintergründe und die handelnden Menschen näher in den Blick zu nehmen. Zugleich fand die literarische und ästhetische Verarbeitung nicht im gesellschaftsfreien Raum statt. Hinter den wichtigsten Werken dieser Zeit standen Arbeitsaufträge, in denen das Ziel, die Beschreibung des neuen Menschen und der neuen Gesellschaft, teilweise sehr konkret formuliert waren. Dies schränkt die Vorstellung vom Experiment wieder deutlich ein.

Anhand von zwei Beispielen, Karl Mundstocks Roman „Helle Nächte" und den Arbeiten des Malers Oskar Nerlinger über das Eisenhüttenkombinat, soll diese teilnehmende künstlerische Auseinandersetzung beschrieben werden.

„Gesundes Fieber, glühender Traum". Karl Mundstock im EKO

„Wo man hinhört, heißt es: das neue Werk. Jeden Tag steht was in der Zeitung darüber. Am Rathaus hängt ein Anschlag: 'Arbeitskräfte gesucht'. Wofür? Für das neue Werk! Sie brauchen uns dort und wir klauben hier Papierchen, verfassen Berichte, schleusen aus einer Sitzung in die andere! Mit zwanzig Jahren Schwielen am Hintern, mit dreißig Arterienverkalkung, mit vierzig Rentenempfänger! Nee, du, ich will noch mit siebzig die Axt schwingen wie jetzt die Füllfeder. Ich bin Zimmermann!"[72] In wenigen Zeilen faßt Karl Mundstock in seinem Roman über das EKO den Ruck zusammen, der durch die Nachricht vom neuen Werk an der Oder ausgelöst wurde. Das EKO ist Signal für den Aufbruch aus einer von Not und Hoffnungslosigkeit gezeichneten Nachkriegsgesellschaft.

Im Zentrum von „Helle Nächte" steht die innere Entwicklung zumeist jugendlicher Protagonisten, die, von der Baustelle des Kombinats und der Stadt angelockt, hier die Herausforderung suchen. „Und die Menschen! Sie kommen von überall her, sind nicht immer verläßlich, der gute Lohn lockt sie, viele von ihnen haben noch nie in einem Produktionsbetrieb gearbeitet, aber das sind die besten, die jungen Brigadisten, denen muß man voranhelfen." (S.55) Was später als persönliche Bewährung auf dem Weg zum Sozialisten erscheint, ist bei Mundstock noch als offener Prozeß beschrieben. Dies macht, neben der plastischen Sprache und der Genauigkeit der Beschreibungen, die besondere Qualität im Reigen einer ganzen Reihe ähnlicher Romane aus, die später unter dem Sammelbegriff „Aufbauromane" zusammengefaßt wurden und dessen bekanntestes Beispiel Eduard Claudius´ „Menschen an unserer Seite" (1951) ist. Allein über Eisenhüttenstadt erschienen drei Romane: neben Karl Mundstocks „Helle Nächte" von 1953 waren das Hans Marchwitzas „Roheisen" von 1955 und als Nachzügler Joachim Knappes „Mein namenloses Land" aus dem Jahre 1965.

Mundstock[73] kam im Herbst 1950 mit einem Reportageauftrag des „Neuen Deutschland" auf die Baustelle des EKO und verbrachte dort ein halbes Jahr schreibend und arbeitend. „Ich hatte 200 Mark Spesen bekommen, um überhaupt hinfahren zu können. Davon habe ich erst im Hotel gelebt, und als das Geld ausging, waren die ersten Baracken fertig. Da bin ich eingezogen. Ich habe ja mitgearbeitet. Ich bin auf den LKW gestiegen, mitgefahren auf die Baustelle und habe dort feste gerummelt. Die FDJ-Brigade da war aus der Lausitz, alles solche Schreibtischjünglinge, während ich noch meine schwieligen Hände hatte, aus Arbeitervorzeit, und mir das alles nichts ausmachte, die Trümmer der alten Rüstungsbude, die Betonteile der Degussa zu zertrümmern. Damit wurde ja die Straße gebaut. Die erste Straße ist sozusagen aus den Trümmern der Nazi-Rüstungsindustrie gebaut worden."[74]

Mundstock erinnert sich im Gespräch an die damalige Situation: „Das war so eine Generation, die ging dorthin, wo was los war. Da wird aufgeräumt, da wird rangeklotzt. Und dann gingen sie weg, in alle Winde. Nach Sosa oder sonst wohin, und da klotzten sie wieder ran. (...) Psychologisch sehe ich das als Antwort auf den Krieg. Eine Generation, die im Krieg großgeworden ist, ihre Kindheit im Krieg verbracht hat. Nun war etwas anderes und da klotzten sie ran. (...) Das war wirklich ein Aufschwung. Auch in den Köpfen. (...) Ich habe nun so realistisch, wie das war, geschildert, nicht von höheren Parteitendenzen ausgegangen, sondern von der Wirklichkeit. Nicht jenseits meiner Anschauung."

Zu einer Reportage für das „Neue Deutschland" kam es nicht; Mundstock hatte sich weder um Abgabetermine noch um Formfragen gekümmert. Dafür entstand aber der Roman: „Ich habe die 200 Seiten, die ich da runtergeschrieben habe, so wie sie waren einfach hingeschickt. Die sind beinahe postwendend zu mir gekommen und haben gesagt, das wollen wir haben. Ich dachte, na, denn mal rüber mit die Mäuse. Ich habe aber noch drei Jahre drangesessen und gearbeitet."

Drei Auflagen erschienen, jede aufgrund literarischer Kritik und Unzufriedenheit des Autors neu bearbeitet. „Das war eine ziemlich muntere Auseinandersetzung um die Zeit", faßt Mundstock aus heutiger Sicht die Kontroversen zusammen. Dennoch nahm er kritische Anmerkungen auf: „Schon als ich die Fahnen (der 1. Auflage, d.Verf.) gelesen habe, fiel mir auf, wie das aufgebaut ist: das ist ja so wirr, so durcheinander, so viel geschwafelt und die ganzen Sitzungen mit allen Einzelheiten. Da habe ich das ganze erst mal geordnet, in eine richtige Reihenfolge gebracht." Für die 1954 erschienene zweite Auflage wurde der Roman um rund 70 Seiten gekürzt, die dritte ist die aus heutiger Sicht des Autors gültige.

Es war vor allem die ungestüme Fabulierfreude, die Kritik hervorrief: „Angefüllt von den Erlebnissen, die er selbst bei einem kurzen Besuch an einer der Baustellen gehabt hat, stürzt er sich wie ein kühner Schwimmer mitten in die Mannigfaltigkeit des neuen Lebens und versucht, so viel wie möglich einzufangen vom Leben der jungen Menschen..." schrieb Wolfgang Joho in einer Kritik,[75] um zugleich den feuilletonistischen Stil, Mundstocks Hang zur Satire und „manche breite und dabei im Grunde nichtssagende Milieuschilderung" zu kritisieren. Dennoch sind es gerade diese Eigenschaften, die die Lektüre von „Helle Nächte" im Gegensatz zu den nachfolgenden literarischen Beschreibungen des Eisenhüttenkombinats Ost auch heute noch lohnend machen.

„Da haben sich Liebesgeschichten abgespielt auf der Baustelle und da waren Auseinandersetzungen auch mal, daß es gekracht hat. Haben welche mit der Faust auf den Tisch geschlagen, gabs auch eine Keilerei zwischen Jungs von der Baustelle und Fürstenberger Jungs auf dem Tanzplatz. Und das alles wurde in meinem Kopf zu meinem Erstling von einem Roman. (...) Ich war ja speziell bei diesen jungen Menschen. Erstmal war ich selber noch nicht so alt, wie ich heute bin, und fühlte mich da hingezogen, fühlte mich da wohl, verstand die vollkommen. Wäre ich ein Ende jünger gewesen, wäre ich mitgezogen. Von Eisenhüttenstadt nach Schwarze Pumpe nach Sosa. Überall, um mit dabeizusein und etwas von diesem Leben mitzukriegen. (...) Es waren natürlich nicht alle so, den durchschnittlichen Spießer gabs natürlich auch, der schon alt ist, bevor er überhaupt geboren ist. Aber da war eben dieser Stamm Jugendlicher, die sich von den anderen Jugendlichen, von der größeren Menge der geborenen Spießer abhob."

Mundstocks Thema sind die Träume der Jugend und das Bild des Entstehenden: „Ihr müßt hören, wie das klingt, wenn sie bei der Arbeit singt! Bei ihr ist jedes Lied ein Axthieb und jeder Axthieb ist ein Lied! Geregnet hat's Tag und Nacht, der Boden ist aufgeweicht, da kommt sie ins Zelt, pitschnaß. 'Stell dir vor', sagt sie, 'in einem Jahr stehen hier Häuser, jeder hat ein Badezimmer und geht unter die Dusche, wenn es ihm gefällt, nicht, wann der Himmel will!' Da ist er, der neue Mensch!" (S.27). Natürlich kommt die neue Zeit nicht sofort und der Weg dorthin ist voller Konflikte um die Verarbeitung der Vergangenheit, den richtigen Weg in die Gemeinschaft, die Einbeziehung Zweifelnder. Die neue Gesellschaft wird buchstäblich auf der Baustelle des

EKO erprobt und aufgebaut. Wenn Brigitte Reimann Jahre später ihre Erfahrungen auf der Baustelle der „zweiten sozialistischen Stadt" Hoyerswerda schildert, benennt sie das Verhältnis ihrer Träume und Erfahrungen „Ankunft im Alltag".[76] Von dieser desillusionierten Sichtweise ist 1950/51 auf der Baustelle des EKO noch nichts zu spüren. Der Alltag kommt in der täglich neuen Erfahrung von fordernden Schwierigkeiten und sichtbaren Fortschritten daher. Zugleich richtet sich der Blick auf die Zukunft. Mundstock legte seinen jugendlichen Helden mehrfach metaphernreiche Beschreibungen in den Mund, unter anderem das des Krans, von dessen Führerstand aus die Welt beherrschbar scheint: „Welch ein Bild! Ihr Kran blieb der höchste! Unter ihr das blühende Land, die Felder golden, die Gärten grün, die Wälder dunkel. Die Mosaike der Dörfer, des Städtchens immer reicher, immer bunter, immer näher aneinander und jetzt mit den Hochöfen und Walzstraßen und Wohnsiedlungen und Kulturstätten und Parks der neuen Fabrikstadt zu einer einzigen, vom Menschen geprägten Landschaft verbunden. Herr der Schöpfung, überschaute Christa sie von ihrer Höhe. Unter ihr schrumpfte die Erde zum Globus, den die Menschen nach ihrer Lust modelten, Flüsse umlenkten, Gebirge abtrugen, Täler auffüllten, Wüsten in Gärten verwandelten. Schiffe voll Erz und Lastwagen voll Steinkohle, wie winzige Käfer unter ihr, kamen von weither, damit sie ihren Teil des Werkes vollbrächten. Denn alles, was auf der befreiten Erde geschah, war ein gemeinsames Werk und ihr Werk ein Teil des Ganzen." (S.45) Das Bild des Krans ist verbunden mit Freiheit, dem Traum von Weltbeherrschung, das sich zu einer paradiesischen, durch tätige Aneignung geformten Landschaft verdichtet, die Utopie einer selbsterschaffenen Welt. „Jeder hat da seine Phantasie mitgebracht, möchte ich sagen, seine eigenen Träume, die manchmal etwas mit der Wirklichkeit zu tun hatten, manchmal über die Wirklichkeit hinausgingen, manchmal gar nichts mit ihr zu tun hatten." Im Roman steigert sich die Arbeit zu einem Lebensgefühl: „... dieses Leben hier, gesundes Fieber und glühender Traum." (S.155)

Mundstocks „Helle Nächte" galt als vorbildlich für die Literatur der Aufbauzeit der DDR und wurde noch Anfang der sechziger Jahre im Rahmen der Brigadebewegung als „...Beispiel und Ansporn für die eigene Arbeit, für das persönliche und gesellschaftliche Leben" zur Lektüre empfohlen.[77] Dennoch war das Buch nicht unumstritten, wie bereits die Kritik von Joho zeigte. Offensichtlich wurde „Helle Nächte" zwar als literarischer Versuch der Aneignung der Gegenwart gewürdigt, durchgesetzt hat sich jedoch Hans Marchwitzas wenige Jahre später publizierter Roman „Roheisen",[78] der auch heute noch in fast jedem Antiquariat erhältlich ist. Auch Marchwitza war 1951 im EKO gewesen und hatte die dortigen Entwicklungen beobachtet. Dennoch scheint der Eindruck auf den Autor weniger eindrücklich gewesen zu sein, zumindest ist dies die Empfindung bei der Lektüre: „Roheisen" thematisiert die gleichen Ereignisse, zeigt dieselben Konflikte, ordnet das Geschehen auf gleiche Weise in die Entstehungszeit der DDR-Gesellschaft ein, bleibt dabei jedoch in der Beschreibung formelhafter. Es drängt sich der Eindruck auf, als sei das Geschehen bei Fürstenberg bereits fest in einen kanonischen Zusammenhang eingeordnet.

Besonders deutlich wird dies in der Erzählung „Das Kombinat" des Schriftstellers Paul Wiens, der zu Beginn der 50er Jahre ebenfalls die EKO-Baustelle besucht hatte. Hier kommt es zu einem Paradigmenwechsel, indem die literarischen Figuren eine kollektive, abstrakt bleibende Größe symbolisieren. Die folgende Textpassage, die den zu erwartenden Umschwung in Fürstenberg thematisiert, zeigt diese Haltung: „Aller Kleinstädte Kleinbürger machen die kleinen Städtchen schlecht, ihre Kleinlichkeit, ihre Gleichförmigkeit, ihre trübe Langeweile. Die Fürstenberger tanzen nicht aus der Reihe. Noch. Aber schon schlagen sie andere Töne an, selbst die Mädchen, die abends zu zweit und zu dritt die spärlich beleuchtete Hauptstraße auf und ab promenieren. Vor kurzem wollten sie noch unbedingt nach Berlin, auf Biegen und Brechen 'heraus aus dem Kaff', weil der Heimatort ihnen nur mit der einen dumpfen Sackgasse aufwarten konnte: mit Hof, Laden und Küche – im besten Falle mit dem frisch aufgeschüttelten Ehebett hinter Tüllgardinen und sorgfältig verschlossenen Läden. Heute lernen sie denken. Denken und planen. Für sich, für die Stadt, für das ganze Land, und weiter – für den Frieden der Welt. Denn die Welt ist jung. Unerwartet haben sich hundert Wege geöffnet in ein inhaltsreiches, interessantes Leben. Und all das Neue, das den beschränkten Horizont ihres bisherigen Daseins weitet und strahlend erhellt, beschwören die Fürstenberger seit dem Juni dieser Jahrhundertmitte mit einem nun schon vertrauten Namen, fassen es zusammen in einem wirkenden Wort: Kombinat." Neben allem Optimismus hinsichtlich der Wirkungskraft des Werkes ist es nicht die Beschreibung der darin liegenden Entwicklungen und Konflikte, sondern die programmatische Aussage, die hier dominiert. Und Programmatik war auch der Hintergrund der Arbeitsbesuche des Malers Oskar Nerlinger im Hüttenkombinat im Jahre 1952. Es ging um die Bemühungen um eine künstlerische Positionsbestimmung, die als Debatte um den Formalismus in der Kunst bekannt wurde und zum „sozialistischen Realismus" führte.

„Wendung zur Wirklichkeit". Oskar Nerlinger im Eisenhüttenkombinat Ost

Der Maler und Grafiker Oskar Nerlinger (1893-1969) war im Jahre 1951 seiner Professur an der Hochschule der Künste in Berlin (West) wegen der Teilnahme an einer Ausstellung zugunsten Nord-Koreas im Ostsektor der geteilten Stadt enthoben worden und übersiedelte nach Ost-Berlin.[79] Von der kurz zuvor gegründeten Staatlichen Kommission für Kunstangelegenheiten erhielt Nerlinger einen Werkvertrag zur Ausführung eines Ölgemäldes vom Eisenhüttenkombinat Ost in der Größe von zwei mal drei Metern, dem wenig später ein Freundschaftsvertrag mit dem EKO folgte.

Er notierte: „Die praktische Arbeit wurde im Januar 1952 in Angriff genommen. Zunächst gründliches Studium der gesamten Werkanlage: Erz- und Koksantransport, Erzbrechanlage, Transportanlage zu den Hochöfen, eingehendes Studium der Bunker- und Hochofenanlage, der Masselgießmaschine und später der neuerbauten Sinteranlage und der Zementfabrik. (...) Es ergab sich aus arbeitstechnischen Gründen die Notwendigkeit die jeweiligen Aufenthalte im EKO zur Erarbeitung des Studienmaterials zu benutzen, die künstlerische Auswertung aber im Atelier in Berlin vorzunehmen. Turnus: nach jeweils etwa 3 - 4 Wochen Atelierarbeit etwa eine Woche Studium im

Hochöfner im EKO, 1952.
(Foto: Oskar Nerlinger)

EKO..."[80] Es entstanden zunächst 34 Arbeiten, zumeist Zeichnungen und Aquarelle. „Aus den bisherigen Studien ergab sich die Möglichkeit diese zu zwei Hauptbildern zu verarbeiten: 1) Zu einer Darstellung des Ofenabstichs und 2) zu einem Aufbaubild, evtl. mit W. Ulbricht. Mit den Vertretern der Staatlichen Kommission für Kunstangelegenheiten wurde vereinbart zunächst das Bild „Ofenabstich" in Angriff zu nehmen.

Ich stellte alle anderen Pläne zurück und bin seitdem mit den Vorarbeiten zu diesem Bild beschäftigt."[81]

Der an die Auftraggeber gerichtete Arbeitsbericht dokumentiert Nerlingers Arbeitsweise der systematischen Annäherung an den Gegenstand. Dabei stand die Kommunikation mit den Menschen im Vordergrund, immer wieder wurden neu entstandene Studien in der Kulturhalle des EKO gezeigt, bezog Nerlinger in der Wohnstadt eine eigenen Wohnung, um auch deren private Seite kennenzulernen.

Die im Eisenhüttenkombinat entstandenen Bilder wurden in einer Ausstellung in Berlin und in der Kulturhalle des EKO gezeigt mit dem Ziel, sie als Beitrag zur Kunst des „sozialistischen Realismus" auch auf der Dresdener Kunstausstellung zu zeigen. Nerlingers Arbeit im Eisenhüttenkombinat ordnet sich eng in die Kunst- und Kulturpolitik der damaligen Zeit ein. Der Auftrag für die Arbeiten im Eisenhüttenkombinat Ost wurde durch die Staatliche Kommission für Kunstangelegenheiten erteilt, die erst Ende August 1951 zur „Anleitung" der künstlerischen Arbeit durch Partei und Regierung gegründet wor-

Oskar Nerlinger: EKO Hochofenwerk, Aquarell, 1952
(Repro: Rüdiger Südhoff)

den war.[82] Dies geschah vor dem Hintergrund der sogenannten Formalismus-Debatte, in der die moderne Kunst der Vorkriegszeit als vorrangig an formalen Problemen orientiert kritisiert und der „sozialistische Realismus" als angemessene ästhetische Form durchzusetzen versucht wurde, eine Diskussion, an der Nerlinger als Mitherausgeber der Zeitschrift „bildende kunst" maßgeblich beteiligt war.

Nerlinger selbst beschreibt in einem Leserbrief an die „B.Z. am Abend" den übergeordneten Zusammenhang so: „Sinn und Zweck dieser Ausstellung (der Bilder in Berlin, d.Verf.) war zu zeigen, wie ein Künstler, der früher mehr oder weniger formalistisch gearbeitet hat ... durch eine ihm von der Staatlichen Kommission für Kunstangelegenheiten gestellte Aufgabe, ein großes Bild vom EKO zu malen, an die Bewältigung dieser Aufgabe durch Anwendung bestimmter Arbeitsmethoden und durch Anwendung von Arbeitsplänen herangeht. ... Weiter hatte die Ausstellung den Zweck zu zeigen wie der Künstler durch ständige Zusammenarbeit mit den Werktätigen des EKO, durch ständigen Meinungsaustausch, durch helfende Kritik der Werktätigen des EKO aus seiner künstlerischen Isolierung herauskommt und den Weg zum sozialen Realismus findet. ... Absichtlich wurden hier zum ersten Mal Studien gezeigt, die für das endgültige große Gemälde der gestellten Aufgabe entstanden sind, bevor dieses Gemälde selbst in Angriff genommen wurde. Die Arbeiten wurden also deshalb in diesem Augenblick gezeigt, um die helfende Kritik für das endgültige Gemälde nutzbar machen zu können."[83]

Nerlinger selbst wollte also in der Öffentlichkeit die Prozeßhaftigkeit seines Vorgehens in den Vordergrund stellen, zeigen, daß die Aneignung der Wirklichkeit durch die neue Kunstrichtung nicht fertiges Ergebnis sondern mühsame Arbeit ist. Auch ging es ihm wohl darum, die damals geforderte „Volksverbundenheit" des Künstlers zu dokumentieren. Welche Bedeutung gerade dieses Vorgehen zum damaligen Zeitpunkt hatte, zeigt das erhalten gebliebene Protokoll der Bezirkskulturkommission Berlin der SED, das die „vorbildliche künstlerisch und gesellschaftlich verantwortungsvolle Arbeitsweise" lobte und eine Reihe von „Empfehlungen" abgab, die Nerlinger anschließend handschriftlich Punkt für Punkt bilanzierte.[84]

Oskar Nerlinger hatte seine Studien in der vom Verband Bildender Künstler Deutschlands in Berlin betriebenen Galerie „Bild der Zeit" vom 15. Oktober bis 15. November 1952 ausgestellt. Die Ausstellungskritiken rücken diesen öffentlichen Weg der Überwindung des Abstrakten und der Erarbeitung der Kunst des sozialistischen Realismus deutlich in den Vordergrund, was angesichts der offiziell durchgesetzten Kunst- und Kulturpolitik nicht verwundert. Anerkennung des Bemühens, jedoch auch Kritik an den nicht immer überzeugenden künstlerischen Lösungen, die oftmals belehrenden Charakter haben, durchziehen die Presseberichterstattung.[85] Im Besucherbuch äußert sich eine Berliner Betrachterin: „Einige Studien von kämpferischen Diskussionen fehlen wo unsere Kumpel Vorschläge bringen usw."[86] Die Ausstellung erwies sich auf diese Weise weniger als Kunstausstellung, denn als öffentlicher Nachweis des Lernens, der Aneignung politisch korrekter Ergebnisse.

Nach mühevollen Vorbereitungen wurden die Werke schließlich für zwei Tage, am 12. und 13. Dezember 1952, in der Kulturhalle des EKO gezeigt. Nerlinger vermerkte bitter, daß weder von der Werk- noch von Parteileitung jemand zur Ausstellung erschienen sei.[87] Das erhaltene Gästebuch[88] zeigt dagegen Kritik und Anteilnahme – „... daß Sie, Prof. Nerlinger, hierherkamen und mit nahezu 60 Jahren noch als Lernender, ist uns und sollte vielen Vorbild sein". Aber auch an Belehrung fehlte es nicht. So notierte der Redakteur der Zeitung „Neuer Tag": „Alles in allem muß man sagen, daß sich Prof. Nerlinger große Mühe gibt und dabei gute Erfolge zu verzeichnen hat."

Das in Auftrag gegebene Ölbild wurde im Januar 1953 fertiggestellt und auf der III. Deutschen Kunstausstellung in Dresden gezeigt. Die Ausstellung, als „Durchbruch des sozialistischen Realismus" bezeichnet,[89] zeigt, daß Nerlingers Bemühungen nicht vereinzelt waren, sondern sich in eine programmatische Neuorientierung der Kunstpolitik in der DDR einordnen. Nerlinger selbst beklagte, daß seine Arbeit von der Presse nicht beachtet worden sei,[90] und so ist es nicht verwunderlich, daß das Bild „Abstich am Hochofen im Eisenhüttenkombinat Ost" in der Liste der Standardwerke zur DDR-Malerei fehlt.[91]

Es ist diese enge Verbindung von Programmatik und konkreter Ortsbezogenheit, die für die frühen Darstellungen des Eisenhüttenkombinats und seiner Wohnstadt typisch sind. Das Projekt EKO war, so wird hier erneut deutlich, für die Aufbaujahre der DDR von außerordentlicher Bedeutung. Die dabei entstandenen Beschreibungen und Bilder ermöglichen es trotz dieser Einschränkung, die damalige Situation nachzuempfinden. Daß spätere literarische Versuche in der Regel weit weniger eindrücklich sind, muß als Verlust empfunden werden. Deutlich wird aber auch: das Erreichte wird bald als selbstverständlich genommen. Was bleibt, ist das Pathos: „Man umfährt die Stadt, wenn man von Norden kommt, schon kilometerweit starren einem die ragenden Schlote entgegen. Der Spree-Oder-Kanal, vollgestopft mit Schleppern, die der Ladung harren, trennt das alte Fürstenberg, eng verwinkelt, kargärmlich verbaut, von der ersten sozialistischen Stadt im neuen Deutschland. Über die Brücke fährt man wie durch ein Tor in das Gelände der Zukunft."[92]

3.4. „... und jetzt verlangen die Kumpels Rechenschaft."[93] Der 17. Juni 1953

Nach der 2. Parteikonferenz vom Juli 1952 verschärften sich die Lebensbedingungen, weil der deklarierte „Aufbau des Sozialismus" über seine Schlüsselindustrien, durch die Kollektivierung der Landwirtschaft und durch eine Steigerung der Arbeitsproduktivität erfolgen sollte. Die Folge war eine Vernachlässigung der Konsumgüterproduktion, die eine Verschlechterung der Versorgungslage und, so war zu befürchten, ein Sinken der Löhne nach sich ziehen würden. Denn unter anderem sollten Normerhöhungen durchgeführt werden, um zu einer höheren Arbeitsproduktivität zu gelangen. Allgemein war das politische Klima in der DDR schlecht, bedingt auch durch eine scharfe politische Justiz. Die Zahl der Flüchtlinge in den Westen war enorm hoch und lag im März 1953 bei knapp 59 000 Menschen.[94] Die Aufhebung der Lebensmittelkarten für private Kleinunternehmer, teilweise Erhöhungen von Verbraucherpreisen und zuletzt die Erhöhung der Arbeitsnormen um mindestens 10 Prozent im Mai 1953[95] sorgten für eine aufgeheizte Stimmung und erste Streiks.

Daraufhin, und auch auf Druck aus Moskau, beschloß das Politbüro der SED am 9. Juni 1953 eine Kurskorrektur. Der „Neue Kurs" sollte vor allem die Lebensbedingungen der breiten Bevölkerung verbessern. Ausgenommen waren jedoch die Beschlüsse zur Normerhöhung, die vom FDGB am 16. Juni noch einmal ausdrücklich bestätigt wurden. Am Morgen des gleichen Tages begannen die Proteste, ausgehend von den Bauarbeitern der Berliner Stalinallee. Es wurde für den 17. Juni zum Generalstreik aufgerufen. Obwohl das Politbüro noch am gleichen Tag die Normerhöhung zurückzog, kam es zu einer Streikwelle im ganzen Land, die nach offiziellen Angaben der SED 272 Orte umfaßte. In 167 von 217 Stadt- und Landkreisen der DDR verfügte die sowjetische Armee, zur Niederschlagung des Aufstands herangezogen, den Ausnahmezustand.

Auch auf Stalinstadt griff der Streik über. Hier wie in Berlin waren es die Bauarbeiter, die sich zu einem Protestzug formierten. Bereits im März 1953 hatte es unter den Bauarbeitern eine allgemeine Mißstimmung gegeben, weil die Fahrpreisermäßigungen der Reichsbahn für die Berufspendler reduziert worden waren und zudem in Stalinstadt die Versorgungslage schlecht war.[96] Anfangs war es auch weniger die Normenfrage, als vielmehr die uneffektive Baustellenorganisation, die die Löhne der Bauarbeiter minderte und den verbreiteten Unmut bedingte. Dazu kam die besonders schlechte Versorgungslage in den Barackenlagern und die Verschlechterung der Löhne der Montagearbeiter durch die Normerhöhungen.[97]

Am Morgen den 17. Juni streikten die Kraftfahrer der Großbaustelle, weil sie teilweise seit April keinen Lohn bekommen hatten, mit Beginn der zweiten Schicht traten die Bauarbeiter der EKO-Baustelle in den Ausstand. Ein Demonstrationszug von zuletzt etwa 1800 Menschen formierte sich, der über mehrere Baustellen und das Wohnlager der Bauarbeiter zum Sitz der SED-Kreisleitung in Fürstenberg führte, wo die öffentliche Diskussion mit den Verantwortlichen gefordert wurde. Entsprechend einer parteiinternen Direktive wurde diese Forderung jedoch nicht erfüllt, dafür kam es zu vereinzelten Provokationen und anschließend zum Handgemenge um das Parteihaus. Kurz darauf räumten sowjetische Panzer den Fürstenberger Marktplatz und beendeten damit die Protestversammlung. Am darauffolgenden Tag kam es erneut zu Diskussionen in verschiedenen Baubetrieben und im Hüttenzementwerk, jedoch erfolgte keine allgemeine Arbeitsniederlegung mehr.

Die Forderungen der Streikenden bezogen sich sowohl auf die Verbesserung der Lebensbedingungen, wie auf die konkrete Streiksituation in Stalinstadt und allgemeine politische Fragen, wie die folgende Übersicht zeigt: „1. Absetzung der Regierung, 2. Freie geheime Wahlen für ganz Deutschland, 3. 40% Senkung der HO-Preise, 4. eine einheitliche Regierung, 5. Freilassung der gestern Verhafteten und aller politisch inhaftierten, 6. Zurückziehung der Panzer vom Eisenhüttenkombinat J.W. Stalin, 7. Wegfall der Norm und einen gesunden Stundenlohn, Bezahlung des Streiks, 8. Die Heimfahrtstage alle zwei Monate ohne Rücksicht davon zu gewähren, ob die Kollegen sonntags nach Hause fahren oder nicht, 9. Wegfall der Oder-Neiße-Grenze".[98]

Die Streiks des 17. Juni ergriffen zwar die zahlreichen Bautriebe der Großbaustelle, nicht jedoch das Hüttenwerk selbst. Versuche aus dem Demonstrationszug heraus, die Hüttenarbeiter zur Teilnahme zu bewegen, wurden von dort zurückgewiesen, zum Teil mit drastischen Drohungen. In der DDR-Geschichtsschreibung hieß es später, die Arbeiter hätten ihre Hochöfen gegen die Konterrevolutionäre verteidigt, sie erhielten die ehrende Bezeichnung „rote Hochöfner". Es handelte sich vermutlich aber weniger um politische Motive, als eher um andere Voraussetzungen, unter denen im Hüttenwerk gearbeitet wurde. Dort bildete sich eine Facharbeiterschaft heraus, die, anders als die Baukolonnen, an einer langfristigen Bindung an ihren Arbeitsplatz interessiert war, in den sie aufgestiegen waren, die in der neuen Stadt ansässig werden wollten und denen bewußt war, daß eine Arbeitsniederlegung am Hochofen langfristige Schäden hervorrufen würde. Eine Identifikation der Hochofenarbeiter mit ihrem Arbeitsplatz, den sie praktisch selbst aufgebaut hatten und dessen Verlust sie nicht riskieren wollten, ist jedoch nur ein Grund für die Nichtteilnahme am Ausstand. Ein weiterer war die offensichtlich tiefgreifende politische Kontrolle, von der Dagmar Semmelmann auf Grundlage von Zeitzeugeninterviews berichtet[99] und schließlich der Umstand, daß die meisten gar nicht genau wußten, was in Berlin geschah. „Wir unterstützen Berlin" sei die Parole gewesen, doch nicht alle verfolgten die dortigen Geschehnisse am Radio. Unklar bleibt, warum es seitens der Arbeiter im EKO nicht zumindest Sympathieerklärungen für die streikenden Bauarbeiter gegeben hat. Offensichtlich war, entgegen den sonst in der DDR vorherrschenden schlechten Verhältnissen, eine Unzufriedenheit im Aufbauschwerpunkt Nr. 1 nicht vorhanden, man glaubte an die Zukunft des Projekts EKO. So blieben die Belegschaften gespalten und die Bauarbeiter isoliert. Die „roten Hochöfner" verteidigten ihren Arbeitsplatz, nicht Staat und Regierung. Ihr Ehrenname, von der SED nachträglich verliehen, sei ursprünglich von den streikenden Bauarbeitern geprägt worden, die sie durch Spott zur Teilnahme am Streik auffordern wollten.

Die Ereignisse des 17. Juni 1953 hatten in Stalinstadt und Fürstenberg Auswirkungen auf mehreren Ebenen: es kam zu 95 Verhaftungen, einige Teilnehmer an den Protesten wurden zu langen Haftstrafen verurteilt. Innerhalb der SED wurde Fehlverhalten durch 55 Parteistrafen in Stalinstadt, in Fürstenberg durch 15 Parteiausschlüsse geahndet, nicht gezählt zahlreiche Rügen und Versetzungen.

Für das EKO bedeutete der Neue Kurs einen zunächst nur für einen gewissen Zeitraum geplanten, dann aber bis ans Ende der DDR wirksamen Verlust: Das integrierte Stahlzentrum verschwand wegen der bevorzugten Förderung der Konsumgüterindustrie von der Prioritätenliste der Investitionsvorhaben. Die Zahl der Hochöfen wurde auf die vorhandenen oder im Bau befindlichen sechs begrenzt, das bereits im Bau befindliche Stahlwerk zunächst aufgegeben. Für 1954 mußte das EKO eine Kürzung der Investitionen von 110 Mio. Mark auf 34 Mio. Mark hinnehmen. Eine Einstellungssperre wurde ausgesprochen, um den auf die Werkerweiterung ausgerichteten Arbeitskräftebestand zu senken.[100] Vom geplanten vollständigen Stahlwerk blieb allein das Hochofenwerk, das allerdings in den folgenden Jahren ausgebaut und ergänzt wurde. Der

Bau einer Hochschule für Hüttenwesen wurde ebenfalls aus dem Plan genommen. Dafür fanden betriebliche Sozialeinrichtungen stärker Berücksichtigung: Kinderferienlager und Kulturabteilung wurden ausgebaut und Anfang 1954 die Arbeiterwohnungsgenossenschaft (AWG) als betrieblich organisierte Wohnungsbaugenossenschaft zur besseren Versorgung der Belegschaften mit Wohnungen gegründet.

Für die neue Stadt bedeuteten die Ereignisse des 17. Juni und der Neue Kurs dagegen einen Gewinn: Es wurden zusätzliche Mittel für den Aufbau von Nachfolgeeinrichtungen bewilligt, die in den kommenden Jahren den Wohnungsbau ergänzten. Ausgelöst durch die Arbeiterproteste wurde vergleichsweise offen über die Mängel in Stalinstadt diskutiert.

Auf einer Sitzung der Stadtverordnetenversammlung am 7. Juli 1953 zog der Oberbürgermeister eine ernüchternde Bilanz: es gäbe für die 20 000 Bewohner der Stadt und der Barackenlager nur eine Gaststätte, keine Kultur- und Erholungsstätten, aus dem Ministerium für Aufbau erhalte man lediglich Versprechungen. Der erste Sekretär der SED-Kreisleitung bemerkte: „Die Stalinstadt ist weiter nichts als eine Ansammlung von Häusern, es fehlt aber alles das was zu einer Stadt gehört. (...) Das Schlange stehen der Bevölkerung beim Einkaufen ist schon zur Regel geworden. Bei uns in der Stadt gibt es weiter nichts als eine Ladenstraße; dort spielt sich das ganze Leben ab. Diese Ladenstraße besteht aber aus 5 Geschäften, vor deren Türen sich riesige Menschenschlangen bilden..."[101] Es gäbe nur ein einziges öffentliches Telefon, es fehle an Blitzableitern, die Mütter würden nur saure Milch für die Kinder erhalten – diese und andere Kritik kam von verschiedenen Rednern. Auf ausdrücklichen Wunsch der Versammlung wurden diese Kritiken an Ministerpräsident Grotewohl weitergeleitet.

Alle Hinweise wurden von der Regierung noch einmal aufgegriffen, als Justizministerin Hilde Benjamin auf einer außerordentliche Sitzung der Stadtverordnetenversammlung erschien: „Stalinstadt ist, abgesehen von einigen Läden, nichts weiter als eine Ansammlung von Wohnungen, und es herrscht eine direkte Kulturbarbarei. Man kann nicht sagen, daß die Bedürfnisse der Menschen auch nur annährend befriedigt würden (...) Es wäre gut, wenn die dafür Verantwortlichen selbst ein Jahr in Stalinstadt wohnen würden."[102] Mit diesem offiziellen Eingeständnis bereits bekannter Mängel legte die Regierung praktisch fest, was geschehen sollte. Die Lehre aus dem 17. Juni in Stalinstadt lautete: Verbesserung der Lebensbedingungen.

3.5. Die innere Ausgestaltung der Stadt

Der 17. Juni erbrachte einen recht weitgehenden Politikwechsel im Bereich der Sozialpolitik und der Entwicklungstendenzen für die wachsende Stalinstadt und das Werk. Forderungen und Beschwerden, die schon seit längerem laut geworden waren, wurden nun ernst genommen und führten dazu, daß aus einer Ansammlung von Wohnhäusern, aus einer Wüste, wie es in Auswertung der Ereignisse in der Stadtverordnetenversammlung geheißen hatte, eine mit den notwendigen Einrichtungen versehene Stadt werden sollte. Das Jahr 1953 markiert einen Einbruch in der Entwicklung Eisenhüttenstadts, indem sich mehrere Prozesse und Ereignisse verweben: die Stadt wird administrativ selbständig und erhält einen Namen, die Bauverzögerungen und Planungsmängel werden so offenkundig, daß ein Kurswechsel nicht nur notwendig erscheint, sondern, auch bedingt durch den 17. Juni, tatsächlich durchgeführt wird, der Aufbau des EKO wird auf seiner bestehenden Entwicklungsstufe gestoppt. Wenn man so will, schlägt mit dem Jahr 1953 das Entwicklungstempo um und Stadt wie Werk gehen ruhigeren Zeiten entgegen. Was damals aber als vorübergehende Phase geplant war, erscheint aus historischer Sicht als Beginn einer „Normalisierung". Zunächst jedoch zu den Ereignissen dieser Zeit:

Gegen Ende des Jahres 1952 wurde immer offenkundiger, daß die Mängel von Planung und Koordinierung bei Aufbau der Stadt nicht ohne weiteres zu beheben waren, wenn die Planungsinstanzen getrennt von der unmittelbaren Organisation vor Ort bleiben würden. Die Rückstände beim Aufbau konnten im Herbst nur durch freiwillige Arbeitseinsätze von Bauarbeitern und Hochöfnern gemildert werden, ohne daß sie ganz aufzuholen waren. Forderungen nach einer Verlegung des Berliner Planungsbüros nach Fürstenberg wurden deshalb laut. Zunächst waren es die Bewohner der Wohnstadt und die Beschäftigten des Werkes, die dies forderten, dann die Bezirksleitung der SED.[103] Im Januar 1953 wurden die Forderungen erneut auf einer Versammlung, an der auch Leucht und Aufbauminister Bolz teilnahmen, öffentlich.

Zugleich nahm die Stadt langsam Gestalt an, die Zahl der Bewohner stieg, ohne daß die notwendigen städtischen Funktionen auch erfüllt werden konnten. Durch die Regierung, bzw. deren „Koordinierungs- und Kontrollstelle für die Arbeit der Verwaltungsorgane", und den Rat des Bezirkes Frankfurt/Oder wurde im November 1952 eine Kommission eingesetzt, die „die Frage der Bildung des örtlichen Staatsorgans für die Wohnstadt" klären sollte. Am 22.1.1953 erfolgte die Anordnung der Regierung zur Bildung eines selbständigen Stadtkreises für die bis dahin de facto von Fürstenberg bzw. dem EKO aus verwaltete Wohnstadt, die am 1.2.1953 in Kraft trat. Eisenhüttenstadts Gründung ist also ein staatlicher Akt, eine Gründung von oben, die zu diesem Zeitpunkt noch, mehr eine künftige Entwicklung vorwegnehmend, Planungs- und Leitungsinstanzen von der Regierung weg dezentralisieren wollte, als daß sie eine bereits bestehende örtliche Gesellschaft betreffen konnte.

Die 50 Stadtverordneten wurden von den örtlichen Betrieben delegiert und vom Bezirksausschuß der Nationalen Front bestätigt. Dabei wurde darauf geachtet, daß alle wesentlich erscheinenden Gruppen vertreten waren: Bei den Betrieben dominierte das EKO, das 21 Stadtverordnete stellte, der Arbeiterschaft entstammten ebenfalls 21 Delegierte, indem sie in der „unmittelbaren Produktion" tätig waren. 11 Stadtverordnete waren Frauen und in politischer Hinsicht dominierte die SED, die auf 39 Stadtverordnete kam. Die Konstituierende Stadtverordnetenversammlung fand am 28.2.1953 statt. Auf ihr wurde der Rat der Stadt gebildet, dem zunächst Mitglieder der vorbereitenden Kommission angehörten, wie der gewählte Oberbürgermeister Albert Wettengel, seine beiden Stellvertreter und der Sekretär des Rates (alle SED), sowie Vertreter der Betriebe: aus dem EKO der Aufbauleiter Otto Ringel, der Technische Direktor, der Chef der Wärmestelle, ein Hochöfner und eine Hochöfnerin, aus dem Zementwerk eine Arbeiterin.

Stadtverordnetenversammlung und Rat waren als „örtliche Organe der Staatsmacht" konzipiert. Sie waren sowohl auf fachlicher wie auf territorialer Ebene, also dem jeweiligen Fachministerium und dem Rat des Bezirkes, untergeordnet.[104] Sie hatten die Vorgaben des Staatsplans zu erfüllen und ihn vor Ort durchzusetzen. Die parlamentarischen Rechte waren daher eingeschränkt und bezogen sich unter anderem auf die „konstruktive Kritik" an der Arbeit des Rats. Dennoch bestanden Handlungsmöglichkeiten: So schalteten sich Rat und Stadtverordnetenversammlung in der Folge in die Diskussion um die Schwerpunkte des Aufbaus der Wohnstadt ein, organisierten in Zusammenarbeit mit dem EKO die Wohnungsvergabe und erhielten noch 1953 die Funktion eines Investitionsträgers für den Aufbau der Stadt. Damit wurde ein Gutteil der Planungs- und Steuerungskompetenzen von der Regierung auf die Stadt übertragen. Dies wirkte sich in den Folgejahren im Sinne einer stärker an den Bedürfnissen der Bevölkerung orientierten Planung aus.

In der Tat war die Gründung eines eigenständigen Stadtkreises nicht nur ein symbolischer Akt, sondern der Versuch, den Aufbau effektiv zu gestalten. Der Rat der Stadt intervenierte bei den Planungen und verabschiedete, nicht zuletzt durch die Ereignisse des 17. Juni zu einer gewissen Offenheit bei der Formulierung von Problemen legitimiert, ein 11-Punkte-Programm, das unmittelbare Aufgaben, aber auch prinzipielle Rechte der Stadt beinhaltete (s. Anhang Dokument 4).

Es ging vor allem um den beschleunigten Bau von Nachfolgeeinrichtungen zum reinen Wohnungsbau. Damit legitimierte sich der Rat als Vertreter der Interessen der Bewohnerschaft, folgte zugleich aber den Vorgaben, die Partei und Regierung für den „Neuen Kurs" gegeben hatten.

In der Stadt entstanden jetzt zahlreiche Einrichtungen, deren Fehlen zuvor bemängelt worden war: Der nunmehr eingerichtete Rat der Stadt zählte zu den Prioritäten den Bau einer Gaststätte, von Kinderbetreuungseinrichtungen und Geschäften.[105] Eine bessere Steuerungsmöglichkeit wurde durch die Übertragung der Investitionsträgerschaft auf die Stadt zum 1.8.1953 erreicht. Der Bau der HO-Großgaststätte „Aktivist" gehört zu diesen unmittelbar angeschobenen Projekten. Die repräsentative Gaststätte, die ein Restaurant, ein Café mit Tanzmöglichkeit und ein Bierlokal enthielt, wurde zu Stalins Geburtstag am 21.12.1953 eröffnet. Zeitgleich entstand eine Ausflugsgaststätte im nahegelegenen Ausflugsgebiet Diehloer Höhen. Auch der Bau des Friedrich-Wolf-Theaters, eines Mehrzweckkulturhauses mit großem Saal, muß zu den Folgeprojekten der Unruhen im Sommer 1953 gerechnet werden. Das Haus wurde nach nur einjähriger Bauzeit am 6.3.1955 eröffnet. Das Friedrich-Wolf-Theater, im repräsentativen klassizistischen Stil errichtet, war das erste fertiggestellte Gebäude des Stadtzentrums. Das Haus der Parteien- und Massenorganisationen, bereits 1953/54 begonnen, wurde erst 1958 bezogen. Es war und blieb das einzige Gebäude am Zentralen Platz und diente seit seiner Errichtung zugleich als Rathaus. Mit diesen Bauten im Zentrum begann so etwas wie eine Stadtwerdung, ein Programm zur inneren Ausgestaltung der Stadt, denn in der Tat war Stalinstadt Mitte der 50er Jahre noch weitgehend eine Ansammlung von Wohnhäusern ohne eigentlichen Kern.

Gegenstand der Kritik war auch das Fehlen von Kinderbetreuungseinrichtungen gewesen. Auf sie waren die Familien angewiesen, wollten beide Elternteile berufstätig sein. Erst im Winter 1952, wiederum zu Stalins Geburtstag am 21.12., war ein erster provisorischer Kindergarten aus Holzfertigteilen aufgestellt worden.[106] Er brannte jedoch bald ab. Kindereinrichtungen wurden in den folgenden Jahren dann im Zuge der Fertigstellung der einzelnen Wohnkomplexe errichtet: Die Kita für den Wohnkomplex I wurde 1953, für den Wohnkomplex II 1954 und für den WK III 1957 fertiggestellt. Nicht ganz so angespannt war die Situation bei den Schulen, denn die Schule für den ersten Wohnkomplex war schon 1952 fertiggestellt worden (für den WK II 1954/55, WK III 1955/56).

Bei der täglichen Versorgung mit Lebensmitteln und Dienstleistungen muß die Lage nach den Beschwerden in der Stadtverordnetenversammlung besonders heikel gewesen zu sein. In der Wohnstadt gab es zunächst lediglich die Geschäfte in der Ladenstrasse des I. Wohnkomplexes, 1952 eröffnet, die aber keinesfalls ausreichten. Jedoch ging es bald voran: im Zuge des normalen Wohnungsbaus wurden 1953/54 zahlreiche Läden und auch Gaststätten fertiggestellt, im Stadtzentrum im Mai 1953 ein Bauernmarkt eröffnet und ebenfalls im Mai 1953 wurde die PGH (Produktionsgenossenschaft des Handwerks) mit 37 Handwerkern gegründet. Damit mußten die notwendigsten Dienstleistungen nicht mehr in Fürstenberg in Auftrag gegeben werden.

In den Jahren 1953/54 wurde damit so etwas wie eine normale Versorgung erreicht. Ob es sich tatsächlich um eine unmittelbare Folge der Ereignisse des 17. Juni handelte oder ob nicht gleichsam nach Plan nunmehr, wenn auch spät, die notwendigen Nachfolgeeinrichtungen erbaut wurden, muß offen bleiben. Gaststätte und Kulturhaus sind sicherlich zum ersteren zu rechnen, Schulen, Kindereinrichtungen und Geschäfte scheinen eher integrativer Bestandteil des laufenden Bauprogramms gewesen zu sein. Besonders die Planungen für den Wohnkomplex II hatten in viel stärkerem Maße, als dies noch für den WK I der Fall war und auch deutlicher, als in späteren Wohnkomplexen, eine dezentrale Versorgungsstruktur in den Wohnvierteln vorgesehen. Besonders die Verteilung der Geschäfte auf mehrere Subzentren im Wohnkomplex ist einmalig geblieben. Im Wohnkomplex III, der 1955-1957 errichtet wurde, war der Bau von Schule und Kindergarten ebenfalls Teil des Bauprogramms, bei den Geschäften jedoch ging man bereits von dieser dezentralen Struktur wieder ab und erbaute 1958 die erste Kaufhalle, eine Konzentration, die später zur Zusammenlegung sogenannter Wohngebietszentren mit Dienstleistungseinrichtungen, Kaufhalle und Wohngebietsgaststätte führte.

Erhebliche Kritik hatte auch das Fehlen jeglicher Grünflächen hervorgerufen. Die Wohnhäuser standen teils jahrelang inmitten einer Sandwüste, die großen Innenhöfe blieben ebenso dem Wildwuchs überlassen, wie die Straßenräume. Mittel für die

Angebote für Neuzuziehende und junge Familien in einer provisorischen Verkaufsstelle der Konsumgenossenschaft (Neuer Tag Nr. 192 v. 19.8.1953)

Begrünung der Stadt waren so gut wie gar nicht vorgesehen. Erste Grünplanungen gab es bereits 1952, es wurden Gutachten angefertigt, die Stalinstadt den Ruf einbrachten, die erste auf wissenschaftlicher Grundlage beruhende Grünplanung aufzuweisen.[107] Aber auch hier war ein Wechsel der Architekturauffassungen, die einen der Planer zur Folge hatte, Ursache für Verzögerungen. War anfangs ein landschaftsbezogenes Grünplanungskonzept dominierend, wie es noch in Teilen des Wohnkomplexes I sichtbar ist, folgte für einige Jahre eine repräsentativere Gartenarchitektur. Erst im Herbst 1955 kam es zu einer umfassenden Bepflanzungsaktion unter dem Titel „1.000 Bäume für Stalinstadt".

1953 und in den Folgejahren wurde fertiggestellt, was schon zu Beginn der Projektierung als Plan bestand: um die Zahl und die Verteilung der Ladengeschäfte war ab Herbst 1950 diskutiert worden. Ersten Planungen zufolge sollten bereits 1951 die notwendigsten Verkaufseinrichtungen entstehen. HO (Handelorganisation) und Konsumgenossenschaften waren aufgefordert, Planungen für die neue Stadt vorzulegen und ein Netz von Versorgungseinrichtungen zu schaffen. Die Konsumgenossenschaft schied bereits im Februar 1951 aus den Planungen aus, weil sie keine konkreten Angaben machen konnte. Die HO-Industriewaren schlugen Geschäfte für Konfektion, Schuhe, Rundfunk, Kosmetik und Haushaltswaren vor.[108] Noch für das Jahr 1952 war der Bau eines Hotels am Werkeingang vorgesehen. Von diesen Planungen konnte jedoch nichts realisiert werden: im Frühjahr entschied sich zumindest, daß keine privaten Geschäfte und Handwerksbetriebe in der Wohnstadt errichtet werden sollten.[109]

Die Realisierung dieser Planungen scheiterte wohl vor allem daran, daß für die Errichtung der Geschäfte die Betreiber baulich und finanziell verantwortlich waren und eine Abstimmung zwischen den verschiedenen Investitionsträgern zu diesem Zeitpunkt nicht erreicht werden konnten.[110] Die für 1955 geplante Fertigstellung von Kulturhaus, Kaufhaus und Hotel scheiterte vor allem, weil keine Einigung über das Aussehen des Zentrums erzielt werden konnte.[111] Das Hotel war schließlich erst 1960, das Kaufhaus zumindest als Textilkaufhaus 1963 fertig, das Kulturhaus wurde auch später nicht errichtet.

In der Tat bedeutete das Jahr 1953 aus mehrfachen Gründen einen Umschwung bei der Ausgestaltung der Stadt. Langwierige, häufig wechselnde Planungen erreichten Mitte 1953 einen Stand, der eine Umsetzung des Programm des Baus einer vollständigen Stadt mit sozialistischem Charakter ermöglichte. Zugleich zeigten die Ereignisse des 17. Juni, daß die soziale Unzufriedenheit auch in der Musterstadt der jungen DDR erheblich war. Damit war ein Grund gegeben, erhebliche Investitionsmittel vom Werkaufbau auf die Stadt umzuleiten. Mit der Übertragung der Verantwortung für die Investitionen auf die neu gegründeten städtischen Vertretungsgremien fand sich eine Institution, die auf die örtlichen Forderungen direkter einging.

3.6. 10 Jahre Gründung von Stadt und Werk

Im Herbst 1959 kam der Gedanke auf, den 10. Geburtstag der Gründung von Stadt und Werk mit einer einwöchigen Festwoche zu feiern, deren Kern ein Hüttenfestspiel sein sollte. Daraus entstand das „Hüttenfest", das seit 1960 jährlich zum 18. August, dem Jahrestag des ersten Axthiebes auf der EKO-Baustelle, gefeiert werden sollte. Das erste Hüttenfest 1960 ist in mehrfacher Hinsicht von besonderer Bedeutung. Hier wurde erstmals eine Art historische Bilanz über den Aufbau von Stadt und Werk gezogen, wurden im Zuge der Brigadebewegung[112] möglichst viele Bewohner der Stadt in ein kulturelles Massenspiel und in eine Reihe von Begleitveranstaltungen zur Festwoche einbezogen und, drittens, Publikationen geplant, die die Geschichte der Stadt zum Gegenstand hatten. Dies soll im folgenden berichtet werden.

Im Herbst 1959 plante die Kreisleitung Stalinstadt der SED die Organisation einer Festwoche zum 10-jährigen Bestehen von Stadt und Werk. Es wurde ein Festkomitee gebildet, dem der Oberbürgermeister, der Werkdirektor und eine Reihe anderer Funktionäre angehörten. Ziel war es, das für August 1960 geplante Hüttenfest zum Anlaß zu nehmen, die „kulturelle Massenarbeit" in Stalinstadt zu stärken und bis zu diesem Datum durch einen detaillierten Plan möglichst breite Bevölkerungskreise zu integrieren: „Die breiteste Entwicklung der Schöpferkraft der Werktätigen und aller vorhandenen Talente ist gegenwärtig in der kulturellen Massenarbeit die wichtigste Aufgabe. Zur Entfaltung einer breiten sozialistischen Massenkultur wurden deshalb die 1. Hüttenfestspiele Stalinstadts beschlossen, die in der Festwoche zum 10-jährigen Bestehen des Eisenhüttenkombinats und der Stadt vom 14. - 20.8.1960 durchgeführt werden." 1000 Personen sollten unmittelbar beteiligt werden, alle Betriebe Kulturgruppen bilden, bestehenden Gruppen „eine einheitliche Zielstellung gegeben (werden) und es kommt jetzt darauf an, die große Begeisterung, die unter unserer Jugend vorhanden ist, einheitlich zu lenken und auf diesen kulturellen Höhepunkt zu führen".[113]

Hintergrund dieses Massenaufgebots war die unter dem Namen Brigadebewegung organisierte sozialistische Reorganisation der Arbeitskollektive in den Betrieben, die Ende der 50er Jahre unter dem Titel „sozialistisch arbeiten, lernen und leben" initiiert wurde. Wichtiger Bestandteil war dabei das Wettbewerbssystem, das auch den kulturellen Aspekt der „sozialistischen Lebensweise" hervorhob. Seit der Kulturkonferenz der SED vom Oktober 1957, deren Ergebnisse als „Bitterfelder Weg" bekannt wurden, schenkte man der kulturellen Selbstbetätigung eine besondere Aufmerksamkeit.[114]

Für Stalinstadt bedeutete dies, über die zum damaligen Zeitpunkt bestehenden 200 Sozialistischen Brigaden in den Betrieben den Übergang zur kulturellen Selbstbetätigung als Massenbewegung zu erreichen. Das erste Hüttenfest war Mittel zur Durchsetzung der „sozialistischen Kulturrevolution". Aktive Kulturarbeit wurde im Betriebskollektivvertrag festgeschrieben und ihre Entwicklung genau beobachtet. Der FDGB organisierte Brigadeabende mit Kulturprogramm, Vorträge, Lesungen und „Aussprachen", die mit einem „Wissenstoto" abgeschlossen wurden. In den Betriebsabteilungen des EKO waren schon zu Beginn der 50er Jahre Kulturgruppen gegründet worden, jedoch schien deren Elan längst abgeklungen zu sein.[115] Das Hüttenfest bot also Gelegenheit, die vorhandenen Ansätze zu bündeln, und so entwickelte die Betriebsparteiorganisation der SED im Januar 1960 eine detaillierte Jahresplanung, deren Bestandteil das Einbringen möglichst Vieler in ein Massenspiel sein sollte. Man fing ganz von unten an: Preise für die kulturvollste Gestaltung eines Brigadeabends, Bildung von Agit-Prop-Gruppen, Chören, Ensembles aus den einzelnen Betriebsabteilungen bis hinunter zur Schichtebene, Vergabe eines Pflichtkanons von Liedgut, das im Wettbewerb beherrscht werden mußte, Zusammenschluß kleinerer Gruppen zu leistungsfähigeren, wiederum öffentliche Leistungsvergleiche mit Preisverleihung, das alles waren detaillierte Trainingsprogramme zur Sicherstellung einer aktiven Teilnahme an der Festwoche.[116] Darauf aufbauend wurde ein Organisationsplan festgelegt, das Betriebskomitee gegründet und Verantwortliche für die einzelnen Programmpunkte benannt, die gesondert geschult und von der Arbeit freigestellt wurden.

Auf diesem Grundlagen wurden vorhandene Kulturgruppen wie das Filmstudio und das im Betreibsteil Erzaufbereitung bestehende Arbeitertheater aktiviert, die FDJ sollte einen Jugendchor bilden, die einzelnen Betriebsabteilungen Sänger und Darsteller rekrutieren und ausbilden. In einem Bericht an die Bezirksleitung Frankfurt der SED wurde eine Maßnahmeliste aufgeführt, die das Programm der Festwoche mit Hüttenfestspiel, Tag der Wohnbezirke, Tag der Bauarbeiter, Tag der Hüttenwerker, Kampfdemonstration, Tag der Jungen Pioniere sowie Tag der Jugend und des Sports entwickelte. Man bat um Unterstützung, weil man Walter Ulbricht oder Otto Grotewohl als Festredner gewinnen wollte (letzterer sprach dann wirklich). Nichts blieb dem Zufall überlassen.[117]

Wesentlicher Teil der Vorbereitungen zur Festwoche war die Verschönerung der Stadt. Im Rahmen des „Nationalen Aufbauwerks"[118] wurden 270 000 Arbeitsstunden auf freiwilliger Basis geleistet, viele davon für den Bau der Freilichtbühne, die 3000 Besuchern Platz bieten sollte. Hier kam das Hüttenspiel zur Aufführung,[119] auf einer Bühne, die 1500 Darstellern gleichzeitig Platz bot und deren erste Bewährungsprobe die Uraufführung des Festspiels „Blast das Feuer an" am Abend des 13. August 1960 wurde.

Auf thematischer Vorlage von Hans Marchwitzas Roman „Roheisen" basierend, wurde eine Folge von Chören, Liedern und Textpassagen geschaffen, deren Drehbuch die in Stalinstadt lebenden Schriftsteller Werner Bauer und Helmut Preißler waren. Zum Inhalt führte die Parteileitung aus: „Die Hüttenspiele sind eine neue Form des künstlerischen Massenschaffens. Ohne eine durchgehende Handlung werden sie die 10 Jahre schwerer und erfolgreicher Aufbauarbeit in der 1. sozialistischen Stadt und des Werkes so deutlich machen, daß jeder begeistert wird von der großen Kraft und Stärke der Volksmassen unter Führung der Partei der Arbeiterklasse... Im Hüttenspiel wird stark mit Massenchören, Tanzgruppen, Sprechchören und anderen Massenszenen gearbeitet... Vier typische Figuren werden durch das gesamte Spiel hin laufen: Es sind diese: Eine Genossin, ein ehemaliger Landarbeiter, ein sogenannter Goldgräber, der nur seine persönlichen Vorteile beim Bau des Kombinats sieht, und ein Angehöriger der alten bürgerlichen Intelligenz. Diese 4 Personen werden sich im Verlauf der Handlung zu den heute typischen Werktätigen wandeln, nämlich in eine qualifizierte Facharbeiterin mit hoher Arbeitsmoral, in dem aus der Arbeiterklasse hervorgegangenen Angehörigen der Intelligenz, in den Angehörigen der Intelligenz, der treu an der Seite der Arbeiterklasse den Sozialismus aufbaut und in den Genossenschaftsbauern, der durch die Arbeiterklasse auf das Land delegiert wurde.

Die Auseinandersetzungen zwischen den Nörglern und Zweiflern, die ungläubig waren an der Kraft der Arbeiterklasse, und der Partei steht im 1. Schwerpunkt des Spiels im Mittelpunkt. Ihr wird gegenübergestellt die unbändige Kraft vor allem der Jugend und die große uneigennützige Hilfe der Sowjetunion beim Aufbau des Werkes und der Stadt... In der 2. Hälfte des Festspiels wird besonders die Entstehung der sozialistischen Brigaden, ihre Rolle bei der Entwicklung der Automatisierung und der Lösung der Aufgaben des 7-Jahrplanes und damit verbunden die Perspektiven des sozialistischen Aufbaus dargestellt... Den Ausgang des Spiels bildet eine große Volkskunstestrade, in der alle vorhandenen Kulturgruppen der Stadt, die nicht unmittelbar im Spiel mitwirken konnten, auf die Bühne kommen und damit praktisch einen Ausblick geben, wie sich mit dem weiteren Vormarsch des Sozialismus immer schneller die kulturellen Bedürfnisse der Werktätigen entwickeln."[120]

Mit dieser Beschreibung von Aufbau und Zielen des Massenspiels ist eine Verbindung von Geschichte, Gegenwart und Zukunft deutlich gemacht, genauer: der inzwischen historische Gründungsmythos führt direkt in die aktuellen Aufgaben, die der Volkswirtschaftsplan enthält. Es führt eine direkte Linie vom „ersten Axthieb" zum „weiteren Vormarsch des Sozialismus" als politischer Linie.

Das Massenspiel „Blast das Feuer an" bildete den Höhepunkt der ersten Hüttenfestspiele und ist den Zeitgenossen noch in lebhafter und freudiger Erinnerung. Wesentlich problematischer dagegen war die Erstellung der geplanten Publikationen zum Stadtgeburtstag. Zwar konnte der von Harry Hofmann und Ernst Oldenburg verfaßte Bildband „Stalinstadt" pünktlich im Sachsenverlag Dresden in der „Kleinen Städtereihe" erscheinen, nachdem durch eine Sonderzuteilung das notwendige Kunstdruckpapier organisiert worden war. Mit der ebenfalls geplanten Festschrift zur Stadtgeschichte gab es jedoch so viele Probleme, daß sie letztlich nicht erschien und heute nur als Typoskript im Städtischen Museum nachzulesen ist. In einer ersten Konzeption der SED-Kreisleitung vom 17.2.1960 wurde zunächst eine Folge von Zeitzeugenberichten und Quellenauszügen geplant. „Im Mittelpunkt müssen die würdigen und hervorragenden Leistungen der Arbeiterklasse und der Intelligenz beim Aufbau des Eisenhüttenkombinats und der Stadt stehen. Gleichzeitig muß die Festschrift die führende Rolle der Partei und die Unterstützung der Sowjetunion zum Ausdruck bringen. Die Festschrift wird deshalb aus einer Reihe von Einzelbeiträgen zusammengestellt, die in chronologischer Zeitfolge Höhepunkte bezw. Schwerpunkte der 10-jährigen Entwicklung charakterisieren."[121] Dieser Entwurf genügte jedoch offensichtlich den Ansprüchen nicht, denn zwei Monate später wurde die Festschrift als historischer Abriß der Stadt- und Werksentwicklung, gegliedert in vier Schwerpunktjahre, vorgelegt: „I. Die nationale Bedeutung der Errichtung des Eisenhüttenkombinats J.W.Stalin – Das Jahr 1950; II. Stalinstadt – die erste sozialistische Stadt Deutschlands – Das Jahr 1952; III. Die Grundlagen des Sozialismus sind errichtet – Das Jahr 1955; IV. Sozialistisch arbeiten, lernen und leben – Das Jahr 1958."[122] Mit der Festschrift beauftragt worden war der Schriftsteller Joachim Knappe, der aber offensichtlich mit dieser Aufgabe überfordert war. Zu seiner Unterstützung bat die Kreisleitung der SED beim Institut für Gesellschaftswissenschaften beim ZK der SED die Entsendung eines Historikers, der sich bereits mit der Geschichte von Stadt und Werk auseinandergesetzt hatte. Vor allem fehlte es, so seine Analyse, an bereits gesichtetem und vorstrukturiertem Material, so daß die Zeit zur Erstellung einer Festschrift als zu knapp angesehen wurde. Knappe wurde schließlich Ende Juni nach Stalinstadt vorgeladen. Wie das Gespräch mit der Parteileitung ausging, ist nicht überliefert. Das Manuskript, das Knappe schließlich vorlegte,[123] muß offensichtlich unmittelbar vor der Drucklegung noch zurückgezogen worden sein, denn in einem Aktenvermerk des zuständigen SED-Sekretärs heißt es: „Die Festschrift muß *unbedingt* am Freitag im Büro (der Kreisleitung der SED, d.Verf.) zur Bestätigung, ein Exemplar muß *sofort* zum Sachsenverlag ... zum Gen. John, per Eilbrief. Sofort nach Bestätigung und Durchsicht vom Lektor muß sie zum Verlag Neuer Tag (der das gleichnamige Parteiorgan für den Bezirk Frankfurt druckte, d. Verf.). 20 000 Exemplare, beste(s) Papier Format 19 x 24 cm Bilder in Kunstdruckpapier. Einband weiß mit Aufschrift in Golddruck „10 Jahre Stalinstadt" mit dem Hüttenfestplan in Prägedruck."[124] Warum die Festschrift nicht erschienen ist und wir dieses gut ausgestattete Buch nicht in die Hand nehmen können, ist bislang Geheimnis geblieben.

4. Die Stadt im Rhythmus des Werks (1960-1989)

4.1. „Die Stadt, in der sich das Morgen bereits mit dem Heute vereinigt hat."[125]

Nach den Zeiten des Aufbaus und der großen Projekte präsentierte sich Eisenhüttenstadt als moderne, den sozialpolitischen Möglichkeiten und Leistungen der DDR angemessene Stadt. Ging es in den 50er Jahren vor allem um die Zukunft, die zu erbauen alle Anstrengung notwendig war, so setzt um 1960 ein Paradigmenwechsel ein: auf Eisenhüttenstadt wurde verwiesen, wenn die Verwirklichung der Utopien des Anfangs gezeigt werden sollte.

Doch bereits ab Mitte der 50er Jahre werden Zukunft und Gegenwart in einem ganzheitlichen Bild komponiert. „Die erste sozialistische Stadt der Deutschen Demokratischen Republik wird so sein, daß jeder hier zu leben wünscht", heißt es in einem Beitrag für ein populärwissenschaftliches Jahrbuch. Dafür wurden drei Gründe angegeben: guter Verdienst, gute Lebensbedingungen, und die Jugendlichkeit der Stadt: „Unser Begleiter hat eine Zwei-Zimmer-Wohnung, ... sie kostet im Monat 29,80 Mark. Er ist, wie durchschnittlich die Stalinstädter, ein junger Mensch von 30 Jahren. Er verdient so viel, daß er sich in kurzer Zeit eine Küche für 800 Mark und ein Schlafzimmer für 1300 Mark anschaffen konnte." Hinzu kommt Pioniergeist: „... täglich rollen die Möbelwagen durch die stillen Straßen. Außen verputzen noch die Maurer die Häuser, innen hängen schon die Frauen die Vorhänge auf. Das ist Stalinstädter Tempo! An manchen Balkonen fehlen noch die Eisengitter, aber hinter den Fenstern singt es aus modernsten Rundfunkapparaten." Hier ist bereits der wesentliche Grund für spätere Beschreibungen gelegt: es geht voran, die Menschen fühlen sich wohl.

Sechs Jahre später kommt dieses Motiv in der gleichen Publikationsreihe voll zum Tragen. Unter dem Titel „Ich bin aus Stalinstadt" wird der Leser durch die neue Stadt geführt und über ihre Annehmlichkeiten informiert: „Am besten, Sie kommen kurzerhand einmal her und schauen sich bei uns um. Wenn Sie sich hier aber eine Wohnung nach Ihrem Geschmack aussuchen dürften, so bin ich ziemlich sicher, daß Sie im (gerade fertiggestellten, d.Verf.) vierten Wohnkomplex haltmachen und sagen: 'Hier bleiben wir!' Vielleicht solls eine gemütliche 2 1/2-Zimmer-Wohnung sein mit Einbauküche, Bad und Balkon? Keine Angst, daß Sie sie nicht bezahlen können! Mit Fernheizung und fließend Kalt- und Warmwasser kostet alles nur 58 DM. Und wie hübsch sehen diese Häuser von außen aus."[126] Das Motiv der Neubauwohnung, die hier für jeden erreichbar ist, machte einen wesentlichen Aspekt der Attraktivität Eisenhüttenstadts in der DDR aus. Ein guter Verdienst als Facharbeiter im EKO und das Leben unter Gleichgesinnten, gemeint waren vor allem junge Menschen, kam hinzu.[127] Als im Jahre 1961 die „Stalinstädter Oper" des Komponisten Jean Kurt Forest uraufgeführt wurde, konnten die Besucher genau dieses Lebensgefühl nachempfinden. Der Höhepunkt des Werkes ist die Liebesszene, die völlig prosaisch vom Einrichtungstraum handelt, der angesichts der Aussicht auf eine Neubauwohnung entwickelt wird.

Moderner Lebensstil in Stalinstadt, 1960

Das Bild Stalinstadts schwankt in diesen Jahren zwischen der Verklärung des Aufbaumythos, dem Stolz auf das Erreichte und Planungen für die Zukunft. Als Forest seine Stalinstädter Oper in einer Probeaufführung mit Arbeitern des EKO diskutierte, kritisierten diese vor allem die Darstellung der hinter dem Aufbaumythos stehenden Entbehrungen: „... aus dem Dreck, dem Schlamm entsteht ein Werk und eine Stadt. Die Arbeiter ... ziehen sich sozusagen selbst aus dem Schlamm. Diese Entwicklung zu zeigen fand ich sehr schön. Sie alle aber waren beleidigt. (...) Sie wollten nicht mehr wissen, wie schwierig es damals war."[128] Die Entwicklung von Stadt und Werk sollte offensichtlich als ständige Aufwärtsbewegung angesehen werden, was im Sinne einer gradlinigen, ansteigenden Linie keinesfalls stimmt. Dennoch ist die von Forest geschilderte Abwehr der Erinnerung an die ersten Aufbaujahre irritierend, wird doch sonst durchgängig von Stolz auf das Erreichte berichtet. Nicht nur die zur Feier des eigenen Erfolges inszenierte 10-Jahrfeier der Stadt belegt das, sondern auch der ansonsten eher kritische Blick Karl Mundstocks, der Ende der 60er Jahre erneut Eisenhüttenstadt besuchte und dabei eine eher kritische Bilanz zog – was in der Folge zu einem Verbot des Buches führte. In „Wo der Regenbogen steigt" heißt es zur Erinnerung an die Schwierigkeiten des Anfangs: „Hell, leuchtend, legendär verklärt aber steht vor unseren Meistern die Zeit des schweren, schönen Anfangs, da sie den Grundstein legen halfen für die neuen Hochöfen, Traktorenstationen, Klubhäuser, für die neue Republik, den neuen Menschen. Worüber sie damals fluchten, davon schwärmen sie heute ... Sie sprechen es nicht aus, aber es klingt in jedem ihrer Worte mit: was waren wir für Kerle!"[129]

Die Texte der Zeit um 1960 schaffen den Zeitsprung von Vergangenheit und Gegenwart auf die Zukunft mühelos, denn auf ihre Realisierbarkeit wurde fest vertraut. So heißt es bei Sieglinde Uebel: „Auch ... wird uns hin und wieder die Feder ausrutschen und sich in Zukunftsplänen verlieren. Aber das Schöne an unseren Plänen ist, daß sie sich meistens schon in ein paar Jahren verwirklichen werden. Wir brauchen keine Angst zu haben, mit unseren Träumen alt zu werden, weil wir alle selbst mit anpacken, um sie zu verwirklichen." Es folgt die Beschreibung der künftigen Stadtbezirke, das Bauprogramm der 60er und 70er Jahre, und der Text schließt optimistisch: „Doch das liegt uns in etwas zu weiter Ferne. (...) Packen wir lieber jetzt alle mit an, helfen wir mit, daß unsere Stadt so schön wie möglich wird und einmal mehr den Vorteil friedlichen Aufbaus und die Überlegenheit des Sozialismus beweist."[130]

Etwas weniger pathetisch wird das Aufbauprogramm der späten 50er Jahre in einer Postwurfsendung an die Stalinstädter Haushalte dargelegt. Zum Zwecke der Propagierung der Stadtplanung schreibt eine fiktive Helga aus der Sicht des Jahres 1963 an ihren in Leipzig zurückgebliebenen Ehemann in puttig-frecher Manier über die Stadt der Zukunft: „Ich wollte Dir erzählen, was hier nun ist; aber das geht nicht. Ich weiß nicht, wo ich anfangen soll. Vielleicht schreib' ich besser, was noch nicht fertig ist. Der Kulturpalast! Aber im Rohbau steht er. Ein gewaltiges Ding! Der Oberbürgermeister wohnt nicht mehr zur Miete im Haus der Organisationen. Das Rathaus ist fertig. Na, und wie! (...) Ach, ich erzähl' nicht weiter. Das mußt Du Dir selbst ansehen! Schaff' Dir ein Auto an und komm her! Es wird überhaupt höchste Zeit, daß Du uns einen Wagen kaufst. Hier sieht es fast so aus, als ob jeder Bürger zwischen 18 und 80 motorisiert ist." Es wird das Bild einer vollversorgten Stadt, die alle Annehmlichkeiten des Konsums und der Freizeitgestaltung aufweist, ausgemalt. Von der Reinigung über die Stadtbücherei bis zu den Affen im Zoo ist alles vorhanden, was der Briefeschreiberin als wünschenswert einfällt. Alles ist auf dem neuesten Stand der Technik und manches darüber hinaus, wie der Elektrobus, der ohne Stromabnehmer auskommt. Moderne und Enthusiasmus paaren sich im Zukunftsbild des Eisenhüttenstadt der späten 50er Jahre: „Das ist jetzt hier wie 'ne Großstadt, wovon Du Dir in Deinem Dorf Leipzig gar keine Vorstellung machen kannst!" Und: „Das scheint hier an der Luft zu liegen, daß viel Kinder dazukommen und die alten nicht älter werden.."[131] So viel Zukunft war nie.

4.2. Vom Hochofenwerk zum Stahlwerk. Das EKO 1960 bis 1989

Nach der Wende zum Neuen Kurs 1953 wurde es zunächst stiller um das Eisenhüttenkombinat. Das Hochofenwerk mit seinen sechs Öfen produzierte und schrieb erstmals 1957 schwarze Zahlen. Produktionsrekorde, schnellere Reparaturleistungen, technische Verbesserungen der Öfen und der dazugehörigen Anlagen kennzeichneten das Bild. Ein weiterer Ausbau des EKO hing jedoch wesentlich von den Investitionsentscheidungen der DDR und den dafür vorgesehenen Mitteln im Volkswirtschaftsplan zusammen. Auch spielten Entscheidungen innerhalb des Rats für Gegenseitige Wirtschaftshilfe (RGW) eine zunehmend wichtigere Rolle. Zwischen den späten 50er und den späten 80er Jahren kam es jedoch nicht zu einer kontinuierlichen Weiterentwicklung, sondern stoßweise zur Planung neuer Betriebsteile.

Der technologische Prozeß der Produktion geht von einem rationellen Einsatz von Rohstoffen und Energie aus. Nachdem das Roheisen im Hochofen geschmolzen ist, soll es „warm" weiterverarbeitet werden, zunächst in einem Stahlwerk die nötige Reinheit erhalten, dann warm gewalzt werden (Warmband), um schließlich „kalt" auf seine endgültigen, etwa für Autos, Kühlschränke oder andere Zwecke benötigten Blechstärken gewalzt zu werden. Diese finalen Produkte können anschließend durch Verzinken oder Beschichtungen und andere Bearbeitungen ergänzend nach den Wünschen der Abnehmer bearbeitet werden. Die Ausnutzung der im Hochofen freigewordenen Energie ist ein wesentliches Ziel dieses integrierten Prozesses, wie er für das EKO Ziel war. Im Falle Eisenhüttenstadts errichtete man die vier grundlegenden Werksteile jedoch nicht in ihrer folgerichtigen Reihung, sondern dem grundlegenden Hochofenwerk folgte zunächst die Endstufe der Produktion, das Kaltwalzwerk, weil hier der Bedarf der weiterverarbeitenden Industrie am drängendsten war. Erst mit deutlicher Verzögerung folgte ein Stahlwerk und erst nach dem Ende der DDR wurde das Warmwalzwerk erbaut. Das EKO blieb also über die gesamte DDR-Zeit hinweg ein Torso, dessen fehlende Teile aufwendig und teuer anderweitig produziert werden mußten.

1953, im Neuen Kurs, wurde der Abbruch der Vorbereitungsarbeiten zum Stahl- und Walzwerk als nur vorübergehend angesehen. In der Tat sollte die Schwerindustrie bereits im 2. Fünfjahrplan 1956-1960 wieder ausgebaut werden und damit auch das EKO. Der 2. Fünfjahrplan scheiterte jedoch, weil seine Richtwerte unrealistisch waren. Erst 1958 wurde er vom Ministerrat beschlossen, jedoch bereits im selben Jahr wieder abgebrochen und durch einen 7-Jahrplan für 1959 bis 1965 ersetzt. Auch der 7-Jahrplan ließ sich nicht verwirklichen und wurde 1962 abgebrochen. Für das EKO bedeutete dies eine langwierige Phase von Planungen und Irritationen. 1957 begannen Debatten über den Ausbau der Metallurgie und 1958 konkrete Projektierungsarbeiten für das Eisenhüttenkombinat. Auch im Rahmen des RGW wurde über die Weiterentwicklung von Stahlkapazitäten verhandelt und eine Ergänzung des EKO um ein Stahl- und Walzwerk beschlossen.[132] Diese Planungen fanden Eingang in das 7-Jahrplangesetz, das den Bau eines Kaltwalzwerkes bis 1964, eines Stahl- und Warmwalzwerkes bis 1965 vorsah. Entsprechende „Schwerpunkterklärungen" des Ministerrats, die eine vorrangige Versorgung mit Engpaßmaterialien bewirken sollten, folgten 1961 und 1962.

Das Ausbauprojekt geriet jedoch bald in die Krise: bedingt durch die allgemeinen Wirtschaftsprobleme der DDR wurde bereits im Januar 1961 ein „Programm zur Störfreimachung der Wirtschaft" beschlossen, das eine möglichst weitgehende Unabhängigkeit von Westimporten bewirken sollte, dagegen eine stärkere Einbindung in den RGW. Jedoch konnten weder die notwendigen Investitionen finanziert werden, noch vor der Jahresmitte 1962 eine Einigung über das Produktionsprofil innerhalb des RGW erzielt werden und Ende des Jahres war entschieden, daß ein Kaltwalzwerk mit Priorität errichtet würde. Der Bau eines Stahlwerks dagegen blieb offen. Der sowjetische Parteichef Chruschtschow hatte sich im Januar 1963 anläßlich eines Besuchs im Eisenhüttenkombinat eindeutig gegen den Aufbau von Rohstahlkapazitäten in der DDR ausgesprochen und auf die Arbeitsteilung innerhalb des RGW verwiesen, während Ulbricht weiterhin für den Aufbau eines eigenen Stahlwerks plädiert hatte. Aber nicht nur deshalb mußte innerhalb der DDR mit vielen Unbekannten gerechnet werden. Endlich konnte am 1. Juni 1963 der erste Spatenstich für das Kaltwalzwerk (KWW) erfolgen, die Planungen für die Fertigstellung der übrigen Werksteile lauteten: ein Konverterstahlwerk und ein Warmwalzwerk bis 1970, bis Ende 1971 ein Rohrschweißwerk, bis Ende 1972 ein Elektrostahlwerk. Mit den Vorbereitungsarbeiten durfte das EKO beginnen, obwohl weder die Finanzmittel noch die notwendigen Ausrüstungen sichergestellt waren. Es fehlte an Baukapazitäten, Projektierungsunterlagen und den notwendigen Abstimmungen zwischen den beteiligten Ministerien. In dieser Situation stellte der Leiter der Staatlichen Plankommission, Schürer, die Projektanten 1966 vor die Alternative, entweder billiger zu bauen, oder auf die Stahl- und Walzwerkstufe zu verzichten. Am 24.8.1967 wurden diese beiden Vorhaben durch einen Ministerratsbeschluß abgebrochen. Das Kaltwalzwerk wurde jedoch weitergeführt und ging 1968 in Betrieb.

In den folgenden Jahren wurde das KWW durch eine Reihe von Anlagen ergänzt, um das Ausgangsmaterial für die industriellen Endverbraucher nutzbar zu machen. 1973/74 erfolgte der Bau einer Verzinkungsanlage, 1975 einer Kunststoffbeschichtungs- und einer Profilierungsanlage.

Was blieb, war die technologische Lücke. Erst auf dem IX. Parteitag der SED 1976 wurde das EKO wieder Thema für größere Investitionen: ein Konverterstahlwerk sollte jetzt endlich errichtet werden. Die in der DDR vorhandenen Stahlwerke beruhten auf dem Thomas- oder dem Siemens-Martin-Verfahren. Ihre Produkte wurden jedoch den Qualitätsansprüchen nicht gerecht, die man für Bleche stellen mußte, so daß in Eisenhüttenstadt ein modernes Verfahren, die Oxygen- oder Sauerstoff-Technik, angewandt werden sollte.[133] In der 7-Jahrplanphase konnte die Sowjetunion eine entsprechende Technologie, die Anfang der 50er Jahre entwickelt worden war, jedoch nicht liefern, noch war die DDR in der Lage, sie zu bauen. Da ein Stahlwerk nach dem modernen Sauerstoffverfahren jedoch eine erhebliche Steigerung der Produktivität und Qualität sowie eine deutliche Senkung der Energiekosten versprach und, das wohl entscheidende Argument, vermehrte Einnahmen aus dem Export in das kapitalistische Ausland, suchte man, die entsprechende Technologie im Westen einzukaufen. Zwei Beschlüsse des Politbüros der SED von 1978 und 1979 konkretisierten dieses Vorhaben[134] und 1981 wurde ein Vertrag mit der VOEST Alpine (Linz) über die Errichtung des Stahlwerks im Wert von fünf Milliarden Mark auf Verrechnungsbasis geschlossen. Die Baustelle wurde im Juni 1981 eröffnet und das Stahlwerk ging 1984 in Produktion.

1986, auf dem XI. SED-Parteitag, wurde schließlich der Bau der letzten Stufe, eines Warmwalzwerkes beschlossen. Dieses hätte die Produktion des EKO wesentlich billiger gemacht, denn Warmband mußte entweder aus der Sowjetunion importiert werden, um im EKO anschließend kalt gewalzt zu werden, oder die Stahlbrammen aus dem 1984 eröffneten Stahlwerk mußten zum Umwalzen in die Bundesrepublik gebracht werden. Im Gegensatz zum Konverterstahlwerk sollte das Warmwalzwerk im wesentlichen aus in der DDR selbst hergestellten Komponenten, dazu mit Ausrüstungen aus der Sowjetunion erbaut werden. Bereits der Beschluß des Politbüros vom 13.9.1983 zum Bau des Warmwalzwerkes erfolgte vor allem, um den teuren und devisenverschlingenden „Stahltourismus" nach Salzgitter und ins Ruhrgebiet zu vermeiden. Alle Terminplanungen, die eine Eröffnung des Werkes noch 1989 vorgesehen hatten, scheiterten, weil die Sowjetunion die notwendigen technischen Parameter für die Anlagen nicht erfüllen konnte. Aus diesem Grund wurde der Kauf einer Anlage im Westen erwogen. Verhandelt wurde mit einem europäischen Konsortium und einer japanischen Firma. Zu einem Abschluß kamen die Verhandlungen jedoch nicht. Aufgrund fehlender Investitionsmittel wurde der Bau des Warmwalzwerkes 1987 wieder eingestellt, die bereits errichteten Hallen blieben vorerst leer stehen.

Welche Auswirkungen hatte nun die Entwicklung des EKO auf die Stadt? Zunächst einmal gilt es, trotz aller Probleme und der durch die wiederholten Abbrüche von Investitionsvorhaben hervorgerufenen Motivationsprobleme, einen langsamen Bedeutungszuwachs des Werkes zu konstatieren, der zwar nicht mehr so spektakulär wie in der ersten Hälfte der 50er Jahre ausfiel, aber dennoch nachhaltig wirkte. Neben den einzelnen Ausbaustufen des EKO selbst ist hier vor allem die Bildung des VEB Bandstahlkombinat „Hermann Matern" 1969 zu rechnen, dessen Stammbetrieb das EKO wurde und zu dem das Magnesitwerk Aken, das Stahl- und Walzwerk Oranienburg, das Walzwerk Finow, das Blechwalzwerk Olbernhau, das Kaltwalzwerk Bad Salzungen und das Walzwerk Burg gehörten. Das EKO war damit eines von drei Stahlkombinaten in der DDR, neben dem Qualitäts- und Edelstahlkombinat Brandenburg und dem VEB Rohrkombinat Riesa. Damit wurden in Eisenhüttenstadt entscheidende Leitungs- und Forschungskapazitäten konzentriert.

Mit dem Ausbau des Werkes waren vor allem Fragen der Arbeitskräfterekrutierung verbunden. Die Region um Fürstenberg hatte, außer dem Personal des Hochofenwerkes, keinerlei Fachkräfte aufzuweisen und zudem entstand durch die Gründung anderer Großbetriebe in der 7-Jahrplanperiode im Oderraum ein erheblicher Arbeitskräftemangel. Weniger das Petrolchemische Kombinat im weiter entfernt liegenden

Schwedt, als vielmehr das Halbleiterwerk in Frankfurt (Oder) und das Chemiefaserwerk in Guben machten dem EKO in dieser Frage Konkurrenz. Bereits in den 50er Jahren waren viele EKO-Beschäftigte eingependelt. Im Jahre 1955 waren das von 13 305 Berufstätigen in Stalinstadt 5714, also 43 Prozent, viele davon aus den umliegenden Dörfern, Hunderte aber auch aus den beiden nächstliegenden Städten Frankfurt und Guben.[135] In den 80er Jahren pendelten täglich 1100 Beschäftigte zwischen Frankfurt und Eisenhüttenstadt. So lag es nahe, daß diese Beschäftigten den Betrieb wechselten, sobald sich in größerer Wohnortnähe ein angemessener Arbeitsplatz bot. Gerade auch für Frauen war die wesentlich leichtere Arbeit in der Chemiefaser- oder Elektroindustrie ein Grund, nicht mehr im EKO nach Arbeit zu suchen. Dem Hüttenkombinat entstand also ab den 60er Jahren Konkurrenz auf dem Arbeitsmarkt, der man mit im wesentlichen drei Mitteln zu begegnen suchte: einer aktiven Arbeitskräfterekrutierung in der Region, aber auch in der gesamten DDR, dem Versuch der Gewinnung von Frauen für eine Arbeitsaufnahme im EKO, sowie erheblichen sozialen Leistungen und materiellen Vergünstigungen für Zuziehende.

Für Arbeitskräfte wurde in überregionalen Zeitungen geworben, in der Region mußten jedoch Absprachen zwischen den Großbetrieben getroffen werden, um eine Konkurrenzsituation auf dem Arbeitsmarkt zu vermeiden. Nachdem der Arbeitskräftebestand des EKO von 6000 im Jahre 1959 auf 5200 1965 zurückgegangen war, rechnete man im Zuge des Aufbaus des KWW mit 2450 zusätzlich benötigten Arbeitskräften. Für 1967 waren deshalb zusätzliche Werbeaktionen gestattet worden. Zugleich wurden sogenannte „volkswirtschaftlich nicht entscheidende Betriebe" geschlossen, um Facharbeiter freizusetzen. In Eisenhüttenstadt betraf dies das Steinverarbeitungswerk, die Holzwollefabrik und einen Ziegeleibetrieb, zusammen etwa 135 Personen. Auf diese Weise wuchs die Belegschaft des EKO von 6000 im Jahre 1966 auf 7300 1968.

Dieses Arbeitskräfterekrutierungsverfahren wiederholte sich noch einmal im Zuge des Aufbaus des Konverterstahlwerks. Hier wurden erneut, auch wegen der deutlich höheren Anforderungen an die Qualifikation der Stahlarbeiter, gezielte Anwerbungsaktionen mit Betriebsschließungen kombiniert. Für das Konverterstahlwerk wurde ein ganzes, allerdings veraltetes Stahlwerk in Riesa geschlossen und die dortige Belegschaft als „Erfahrungsträger" nach Eisenhüttenstadt zu holen gesucht. Während gerade die niedrigen Lohngruppen vergleichsweise schlecht verdienten, besonders harte Arbeitsbedingungen in der eisenschaffenden Industrie vorfanden und deshalb auf der Suche nach einem leichteren Arbeitsplatz waren, wurden Fachkräfte mit allen Mitteln umworben. War zuvor allein eine Wohnung das entscheidende Mittel gewesen, auswärtige Arbeitskräfte nach Eisenhüttenstadt zu locken, so wurden die „Erfahrungsträger" der 80er Jahre durch ein ganzes Bündel von Vorteilen überzeugt. Dazu gehörte die Zuweisung einer Wohnung, die mietfreie übergangsweise Unterbringung in einem Arbeiterhotel, eine Barprämie von 5000.- Mark, Trennungsgeld, vierteljährlich eine kostenlose Heimfahrt, Übernahme der Umzugskosten, ein sogenanntes „Gardinengeld" als Einrichtungsbeihilfe in Höhe von 10 Prozent eines monatlichen Bruttolohns, die bevorzugte Materialversorgung beim Bau einer Garage, die Zuverfügungstellung eines Kleingartens, eines Arbeitsplatzes für den Ehepartner sowie die entsprechend benötigten Krippen- oder Kindergartenplätze. Diese erhebliche Besserstellung gegenüber den übrigen EKO-Beschäftigten, ganz zu schweigen von den nicht im EKO arbeitenden Eisenhüttenstädtern, wurde zwar akzeptiert, soweit es um wirklich notwendige Fachkräfte für das Stahlwerk ging. Offensichtlich jedoch wurde dieses Instrumentarium auch für andere Gruppen eingesetzt, so daß es zu erheblichen Mißstimmungen gekommen sein muß.

Die Beschäftigten des EKO hatten jedoch generell wenig Grund zur Klage, ebenso, wie die Eisenhüttenstädter im allgemeinen. Zwar ergab sich über die Frage des konkreten Arbeitsplatzes ein Wohlstandsgefälle innerhalb der Stadt, jedoch insgesamt auf einem deutlich über DDR-Durchschnitt befindlichem Niveau. Das Werk war Schwerpunktbetrieb für die Volkswirtschaft der DDR und in der Folge wurde eine Schwerpunktversorgung zumindest für die Werksangehörigen aufgebaut, von der zwangsläufig die ganze Stadt profitierte. Der zügige Wohnungsbau hatte zumindest zur Folge, daß in Eisenhüttenstadt ein Wohnungsmangel, wie er in den meisten DDR-Städten offenkundig war, kaum zutage trat. Die Schwerpunktversorgung betraf unter anderem langlebige Gebrauchsgüter wie Kühlschränke, Waschmaschinen und Autos. So betrug die Lieferzeit für einen Trabant im Jahre 1965 nur 5 bis 6 Jahre, beim Trabant Kombi bestand sogar eine Überversorgung. Das gleiche betraf Fahrräder, die anderswo knapp, in Eisenhüttenstadt jedoch problemlos erhältlich waren. Zwar war das Angebot wechselnd und sicher in den 80er Jahren nicht mehr so gut, wie in den 60ern, dennoch galt Eisenhüttenstadt als „Wohlstandsfestung".

Autosalon an der Magistrale, 1965 (Foto: Wolfgang Timme)

Bei den sozialen und Versorgungseinrichtungen sah es jedoch nicht ganz so gut aus. Zwar mußten die Bau- und Montagearbeiter nicht mehr, wie in den fünfziger Jahren, in Barackenlagern wohnen, denn seit 1956 gab es ein Ledigenwohnheim, seit den 70er Jahren mehrere Arbeiterwohnhotels, aber der Bau von Kinderkrippen, Kindergärten, Gaststätten und Geschäften hinkte regelmäßig dem Bedarf hinterher. Dieser Mangel war offenkundig vor allem in Phasen der Expansion des Werkes, in denen die Stadt nicht schnell genug nachwuchs, also der ersten Hälfte der 50er Jahre, der Mitte der 60er und dem Beginn der 80er Jahre.

Zugleich war man in Eisenhüttenstadt fest davon überzeugt, daß einem volkswirtschaftlich so wichtigen Betrieb wie dem EKO und der fast schon zum Mythos gewordenen Stadt nur das Beste zustand. So warf im Jahre 1963 die Bezirksleitung Frankfurt der SED den Eisenhüttenstädtern Überheblichkeit und „Lokalismus" vor, weil sie im Zuge der 7-Jahrplanungen zu viele Forderungen gestellt hatten.

Das EKO war und blieb der entscheidende Wachstumsmotor für die Stadt, die einzig begleitend zu den Ausbaustufen des Werkes ergänzt wurde. Zugleich ist die Stellung des Werkes gegenüber der Stadt und der Region zwiespältig: Das EKO war, schon allein aufgrund seiner Beschäftigtenzahlen, der strukturbestimmende Betrieb in Eisenhüttenstadt. Die die reine Stahlproduktion ergänzenden Betriebe gab es schon deshalb nicht, weil jede notwendige Produktion entweder im Werk selbst oder im Rahmen der Kombinatsbetriebe erledigt wurde. Diese für die DDR-Industrie typische Tiefenstaffelung anstelle einer diversifizierten Industriestruktur bewirkte eine zunehmende, gleichsam alles überragende Bedeutung des EKO, zugleich aber das Fehlen von Alternativen; Eisenhüttenstadt wies praktisch eine Monostruktur auf. Zugleich entstanden jedoch auch notwendige Folgeeinrichtungen in der Stadt, resultierend aus dem Aufbau der 50er Jahre große Baubetriebe, so daß doch eine begrenzte Diversifizierung der gewerblichen und der Beschäftigtenstruktur auszumachen ist.

Schon in der 50er Jahren waren die wesentlichen Industriebetriebe neben dem EKO entstanden. Den Anfang machte das Hüttenzementwerk 1952, das die aus dem Hochofenprozeß entstehende Schlacke zu Baumaterialien verarbeitete. Aus dem Bau des Werkes und der Wohnstadt heraus entstand eine bedeutende Bauindustrie. Die Bau-Union Fürstenberg, 1953 in Bau-Union Stalinstadt umbenannt, war Kern zweier großer Folgebetriebe. Der Industriebau wurde 1963 zum Bau- und Montagekombinat Ost (VEB BMK Ost), aus dem Wohnungsbaubereich entwickelte sich 1964 das Wohnungsbaukombinat Frankfurt/Oder, 1971 umbenannt in Wohnungs- und Gesellschaftsbaukombinat (WGK).[136] Im Zuge der Umstellung auf die Montagetechnik im industrialisierten Wohnungsbau wurde 1968 ein Plattenwerk in Betrieb genommen, das den gesamten südlichen Bereich des Bezirkes Frankfurt/Oder mit Bauelementen für den Wohnungsbautyp P 2 versorgte.

Eine Reihe weiterer Betriebe dienten der örtlichen und regionalen Versorgung. Bedingt durch die starken Pendlerströme bestand der VEB Kraftverkehr als bedeutender Betrieb in Eisenhüttenstadt, der zunehmend auch Gütertransporte im In- und Ausland durchführte. Bereits 1955 war eine Großbäckerei und 1956 die bezirkliche

Fleischfabrik, der VEB Fleischkombinat Stalinstadt in Betrieb gegangen. Es bestand ein Schälbetrieb für die Kantinenversorgung der Umgebung, eine Molkerei, ein Möbelwerk, ein Baumechanikbetrieb. Besondere Bedeutung hatten die Schiffswerft und die Hafenanlagen, die an die frühere Bedeutung Fürstenbergs als Knotenpunkt der Oderschiffahrt anknüpften. Andere traditionelle Betriebe hatten jedoch schließen müssen. Besonders die Verlagerung der Glashütte nach Weißwasser bedeutete den Verlust eines qualifizierten, traditionsreichen Gewerbezweiges in der Region. Der örtlichen Versorgung dienten eine Reihe von Dienstleistungsbetrieben, die in der damaligen Wohnstadt von Grund auf neu errichtet und organisiert werden mußten. Bereits 1953, deutlich vor ihrer allgemeinen Gründungswelle in der DDR, entstand eine Produktionsgenossenschaft des Handwerks (PGH), in der die wesentlichen Gewerke zusammengeschlossen waren. Dienstleistungen wurden über das 1958 gegründete Dienstleistungskombinat angeboten. Privates Handwerk existierte in der Wohnstadt nicht.

Dennoch war das EKO über 40 Jahre DDR qualitativ wie quantitativ der entscheidende Arbeitgeber, „Städtegründer" im Sinne der 16 Grundsätze des Städtebaus. Die nachfolgende Grafik zeigt die Steigerung der Stadtbevölkerung im Vergleich zur Arbeitskräfteentwicklung des EKO:

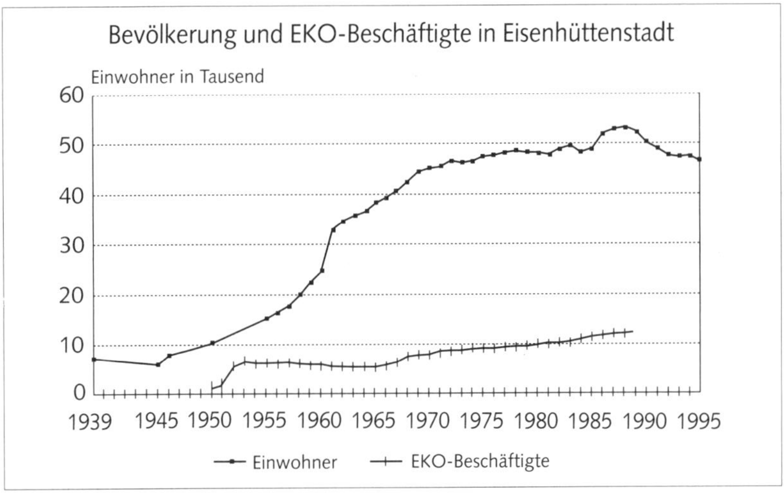

Zahlenangaben nach: Statistischer Jahresbericht Eisenhüttenstadt 1995, S.24; GEM (Hg.): Historischer Abriß der Betriebsgeschichte, 1993, Pegert.

Der Charakter Eisenhüttenstadts als Industriestadt wird überaus deutlich. Allerdings wandelte sich die Stadt im Laufe ihres Bestehens. Im Jahre 1956 verteilten sich die Anteile der Beschäftigten in Stalinstadt noch relativ gleichmäßig auf die Industrie (44,1%) und das Baugewerbe (38,2% der Berufstätigen). Alle übrigen Wirtschaftszweige, also Dienstleistungen, Handel, Verwaltungen, Verkehr, waren außerordentlich gering ausgeprägt und machten zusammen gerade 17,7 Prozent der Erwerbstätigen in Stalinstadt aus. Die Stadt, das wird aus diesem Angaben deutlich, wurde noch aufgebaut, eine differenzierte innere Struktur hatte sich noch nicht entwickelt. Im Jahre 1989, am Ende der DDR-Entwicklung, hatte sich das Gewicht der Industrie in Eisenhüttenstadt entscheidend erhöht: über 15 000 Industriebeschäftigte, davon knapp 12 000 im EKO, machten 50,1 Prozent der Erwerbstätigen der Stadt aus, obwohl doch mit Fürstenberg und Schönfließ zwei Ortsteile hinzugekommen waren, die nicht völlig der monostrukturierten Entwicklung der Neustadt unterworfen waren. Die Bauindustrie war immer noch stark vertreten, jedoch gegenüber den Aufbaujahren zurückgetreten, obwohl die hier ansässigen Baukombinate weit über die Stadt- und teilweise Bezirksgrenzen hinaus tätig waren: nur mehr 12,8 Prozent der Erwerbstätigen waren beim Bau beschäftigt. Die übrigen Gewerbezweige hatten dagegen auf 37,1 Prozent zugelegt. Eisenhüttenstadt war dadurch, trotz weiterhin bestehender absoluter Dominanz der Industrie, eine vergleichsweise „normale" Stadt mit breiterer Beschäftigtenstruktur geworden. Interessant ist an dieser Stelle ein Ausblick auf das Jahr 1995. Fünf Jahre nach dem Zusammenbruch der DDR war die Beschäftigtenzahl in Eisenhüttenstadt zwar auf 72 Prozent des letzten DDR-Standes zurückgegangen, aber die industrielle Dominanz erhalten geblieben. In der Industrie arbeiteten in diesem Jahr noch genau ein Drittel der Berufstätigen, im Bau-

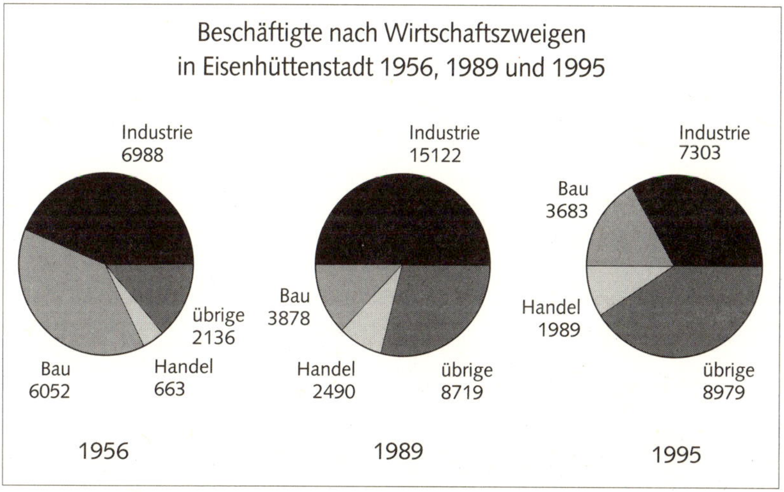

Zahlenangaben nach Statistisches Taschenbuch 1957 Kreis Stalinstadt; Statistisches Jahrbuch 1990 Bezirk Frankfurt, S.42 f; Statistischer Jahresbericht 1995 Eisenhüttenstadt, S.65.

wesen mit 16,8 Prozent wieder ein höherer Anteil, jedoch mit 49 Prozent fast genau die Hälfte der Beschäftigten in den sonstigen Gewerbezweigen wie Handel, Dienstleistungen, Banken und Versicherungen und öffentlicher Verwaltung. Dabei bleiben die absoluten Beschäftigtenzahlen in den Bereichen Bau, Handel und „übrige" erstaunlich konstant, die Verschiebungen der Beschäftigtenstruktur kam fast ausschließlich durch die faktische Halbierung der Industriearbeiterschaft zustande.

4.3. Stadtplanung nach 1960

Um die Auswirkungen, die diese industrielle Entwicklung auf die Stadt und ihre Bewohner hatte, soll es im folgenden Kapitel gehen.

Aufgrund der notwendigen Steigerungen der Beschäftigtenzahlen für das EKO wurde in Eisenhüttenstadt gebaut, vor allem Wohnungen und nochmals Wohnungen. Die Stadt wuchs im Rhythmus des Werks. Die nachfolgende Grafik macht diesen Rhythmus deutlich. Das Hochofenwerk begründete den Bau der Kernstadt mit den Wohnkomplexen I bis IV, dann kam die Ergänzung durch den V. Wohnkomplex. Das Kaltwalzwerk ist auslösend für den Bau des Wohnkomplexes VI und seiner Ergänzungen, das Konverterstahlwerk für den Wohnkomplex VII und verschiedene, über das Stadtgebiet verteilte Wohngebiete. Für die Wohnraumversorgung der Arbeiter des geplanten Warmwalzwerks sollte das noch 1989/90 errichtete Wohngebiet Seeberge dienen, ebenso wie ein nicht mehr realisierter Wohnkomplex VIII.

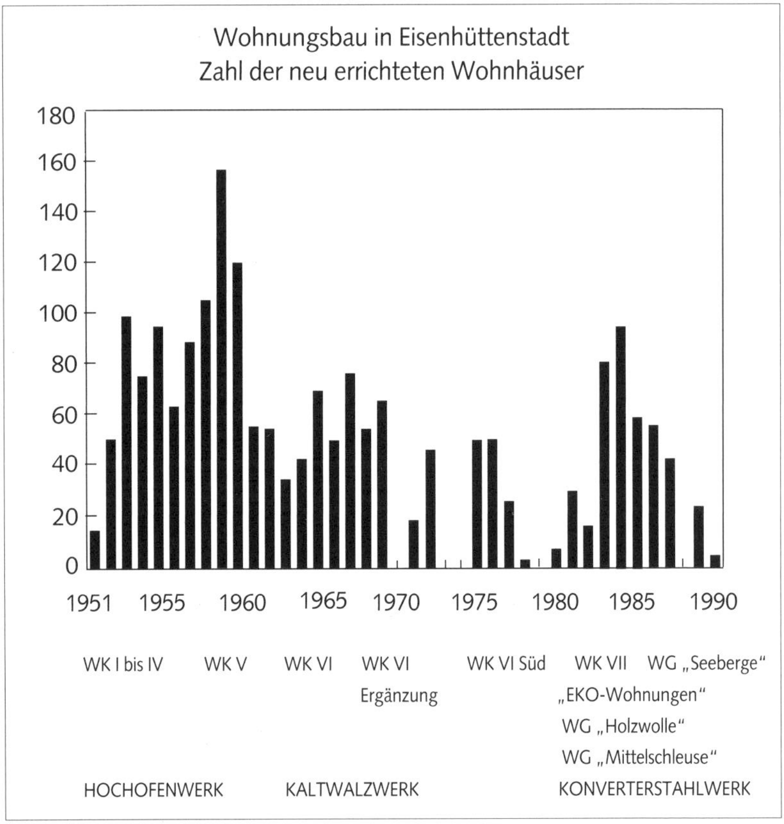

Zahlenangaben nach GEM, Projekt Stadtchronik, Chronologische Übersicht des Wohnungsbaus, Ms. 1995.

Baustelle des WK V, August 1961. Großblock-Platten und Montagekran bestimmen das Bild (Foto: Wolfgang Timme)

Den Beginn machte der V. Wohnkomplex, der als Ergänzung zur bestehenden Kernstadt und außerhalb deren strenger, trapezförmiger Stadtanlage in den Jahren 1959 bis 1965 errichtet wurde.[137] Das Wohngebiet zeichnet sich durch eine geschwungene Straßenführung und eine Weite aus, die dem in Westeuropa gewonnenen Leitbild einer „gegliederten, aufgelockerten Stadt" entsprach. Erstmals wurde im Wohnkomplex V ein Wohngebiet vollständig in Großblockbauweise errichtet. Das bedeutete, daß seine städtebauliche Anlage den Erfordernissen des industriellen Wohnungsbaus mit seiner Montagebauweise, das heißt den technischen Erfordernissen des Montagekrans folgen mußte. Der WK V war damit wesentlich lockerer, als die vorangegangenen Wohnkomplexe bebaut. Dem Wohnungsbau folgte mit einigem Abstand auch die Ausstattung mit sogenannten Nachfolgeeinrichtungen; ein Wohngebietszentrum wurde praktisch zum Abschluß des Wohnungsbaus in den Jahren 1964 bis 1966 errichtet. Als einziger Wohnkomplex ist der WK V nicht direkt mit dem Aufbau eines bestimmten Werkabschnitts des EKO verbunden. Ob er als reine Ergänzung der Wohnbebauung gedacht war, oder im Zuge der Ende der 50er Jahre wieder aktuellen Planungen für ein Stahl- und Walzwerk errichtet wurde, muß offen bleiben.

Eindeutig dagegen sind die Bezüge zwischen Werk und Stadt bei der Errichtung des VI. Wohnkomplexes, der ab 1965 erbaut wurde und sich völlig von allen bis dahin in Eisenhüttenstadt geltenden Parametern entfernte. Der WK VI wurde vollständig in Großblock- bzw. Plattenbauweise errichtet. Es handelte sich um Typenprojekte, die

Wohnkomplex VI (Foto: Friedrich Peukert)

zeitgleich auch in Hoyerswerda errichtet wurden. Die Häuser übersprangen das bis dahin in Eisenhüttenstadt geltende Maß von drei bis vier Geschossen. Durch den Zwang zur Typenverwendung entstand, im Gegensatz zur weitgeschwungenen Anlage des WK V, eine gedrängte, streng rechtwinklige Bebauungsstruktur. Das Viertel weist eine um ein Drittel gesteigerte Wohndichte auf und überzeugt den Betrachter eher durch Serialität, denn durch Individualität in der Architektur.

In der Literatur wird der Wohnkomplex VI deshalb kontrovers bewertet. Kritisiert etwa der Architekturhistoriker Thomas Topfstedt ihn als Ausdruck der in den 60er Jahren einsetzenden massenhaften Verwendung genormter Typenbauten, die das Antlitz der Städte in der DDR bald außerordentlich uniform wirken ließen, heben andere ihn als Höhepunkt der Moderne hervor, weil hier trotz der Verwendung von Typenprojekten eine gestraffte Stadtstruktur und zugleich (wohl letztmals) eine gute Ausstattung mit Nachfolgeeinrichtungen verwirklicht werden konnte.[138] Welcher Meinung man auch zuneigen mag, im WK VI wiederholte sich das Problem einer verzögerten Ausstattung mit Infrastruktureinrichtungen erneut. Das Wohngebietszentrum wurde erst 1971 fertiggestellt, wobei man hier mit außerordentlichem Bedacht geplant hatte und in der Tat durch eine Ladenpassage so etwas wie ein Schmuckstück vorweisen konnte. Auch erhielt der Wohnkomplex VI, der ursprünglich für 10 000 Einwohner geplant worden war, mehrere bauliche Ergänzungen: 1971/72 wurden erstmals Wohnbauten des später massenhaft verwendeten Wohnungsbautyps P 2 errichtet, am anderen Ende des Viertels ab 1977 die „Wohngruppe Süd". Der damit außerordentlich große Wohnkomplex

VI, der die bis dahin geltende Größenordnung für den sozialistischen Wohnkomplex von 5000 Einwohnern mehr als verdoppelte, liegt isoliert im Stadtgebiet. Von der Kernstadt ist er durch den Oder-Spree-Kanal getrennt, auf der gegenüberliegenden Seite nach Fürstenberg durch ein breites Bahngelände. Während er sich im Süden an das Ufer des Kanals anschmiegt, endet er im Norden am Industriegelände, das bereits das städtische Heizkraftwerk, die Backwarenfabrik und das Fleischkombinat beherbergte, bevor es praktisch zeitgleich mit der Errichtung des Wohnkomplexes VI um mehrere Industriebetriebe ergänzt und verdichtet wurde. Städtebaulich ist die Lage des WK VI damit außerordentlich problematisch. Dies gilt auch für das Detail, indem etwa das Kanalufer aufgrund der dort vorhandenen Hafenanlagen großenteils nicht in die Grünzone des Quartiers eingezogen werden konnte und ein Gutteil der Bewohner an der zur Schnellstraße ausgebauten Verbindung zwischen Fürstenberg und der Neustadt, teilweise auch direkt angrenzend an das Industriegebiet wohnt. Mit dem Wohnkomplex VI kam es in den 60er Jahren zugleich zu einer völligen Neuorientierung der Stadtplanung. Statt der klar begrenzten Kernstadt mit ihrer auf das Werk ausgerichteten Magistrale entstand nun eine „Bandstadt" die sich entlang der Straße der Republik in west-östlicher Richtung von Schönfließ über die Kernstadt hinzog, den Oder-Spree-Kanal zu überwinden hatte, dann den Wohnkomplex VI streifte, das Bahngelände überquerte, um schließlich im Wohnkomplex VII und Fürstenberg stumpf zu enden. Ursache dieser Richtungsänderung war die Notwendigkeit, die Stadt parallel zu den Werkserweiterungen des EKO wachsen zu lassen. Die ursprünglich für 30 000 Einwohner ausgelegte Kernstadt genüg-

Mittelganghaus mit Ledigenwohnungen, erbaut 1967, 1998 abgebrochen (Foto: Wolfgang Timme)

te dem Bedarf aber bald nicht mehr. Die Erweiterungsmöglichkeiten wiederum waren begrenzt, nach Norden durch das EKO, nach Süden durch die Bergbaugrenze, nach Westen durch die Diehloer Berge. Blieb eine Erweiterung nach Osten Richtung Fürstenberg. Der Wohnkomplex VI, dessen Planung bereits 1960/61 begonnen hatte, diente der Wohnraumerweiterung für die Beschäftigten des Kaltwalzwerkes. Erneut mußten, wie schon in den 50er Jahren, binnen kurzer Zeit Unterkünfte für die Bau- und Montagearbeiter geschaffen werden, wie auch Wohnungen für das künftige Stammpersonal. Im Gegensatz zu früheren Zeiten verzichtete man jedoch auf den Bau von Barackenlagern und schuf stattdessen Arbeitwohnhotels. Bekanntestes Beispiel im Wohnkomplex VI ist das 1967 fertiggestellte sogenannte Mittelganghaus mit 300 Wohnungen für Alleinstehende (1998 abgebrochen). Ein weiteres Wohnheim, das als Punkthochhaus am Rand des WK VI errichtet wurde, folgte 1974.

Es folgte das Konverterstahlwerk als nächste Ausbaustufe des Hüttenkombinats und mit ihm wiederum ein neuer Wohnkomplex, der siebente. Er schloß sich, der in den 60er Jahren entwickelten Richtung folgend, jenseits der Bahngleise in Richtung Fürstenberg an den WK VI an. Der Wohnkomplex VII, 1978 bis 1987 in Großplattenbauweise errichtet, schloß die verbliebene Bebauungslücke zwischen der Neustadt und Fürstenberg. Zugleich aber griff man massiv in die Siedlungsstruktur Fürstenbergs ein und riß nutzungsfähige Altbausubstanz ab, um Platz für den Wohnungsbau zu gewinnen. Dies führte nicht nur zu massiver Mißstimmung unter den Fürstenbergern, sondern auch zu einer städtebaulich äußerst problematischen Situation. Der WK VII gilt deshalb, aber auch, weil die Nachfolgeeinrichtungen und die Wohnumfeldgestaltung nur minimal ausgeführt waren, heute als Schandfleck der Stadt. Sicher fallen hier, gerade auch in Kontrast zur alten Stadt Fürstenberg, die Nachteile des industriellen Wohnungsbaus besonders stark ins Auge. Doch bietet der Anschluß an Fürstenberg den Bewohnern des WK VII auch Vorteile, vor allem hinsichtlich der Verfügbarkeit von Geschäften und Dienstleistungen in der Altstadt Fürstenberg. Andere Wohngebiete, die in den 80er Jahren erbaut wurden, haben diese Vorteile nicht. Vor allem das Wohngebiet „Mittelschleuse" (1981-1983) liegt völlig isoliert vom Rest der Stadt, während die Wohngebiete „Holzwolle" (1980-1983), die sogenannten EKO-Wohnungen (1981) und das Wohngebiet „Seeberge" am jeweiligen Stadtrand zumindest noch Fußläufigkeit ermöglichen.

Somit erweist sich Eisenhüttenstadt heute als weit gestreute Agglomeration mehrerer Siedlungskerne und Wohngebiete, die in der Tat eher eine gestückelte, bandartige Struktur, als eine auf einen Kern bezogene zeigen. Die bereits vorhandene Zersplitterung des Stadtgebiets wird zusätzlich verstärkt durch das weit in die Wohngebiete hineinreichende Industriegelände und das zwischen Kernstadt und Wohnkomplex VI liegende Naherholungsgebiet „Insel", so genannt, weil es zwischen zwei Armen des Oder-Spree-Kanals liegt. Insgesamt wirkt Eisenhüttenstadt heute konturlos und steht damit ganz im Gegensatz zur Planung der 50er Jahre, als Leucht eine kompakte, an traditionelle Stadtanlagen anschließende Stadtstruktur entworfen hatte. Die Idee, mit modernen Mitteln praktisch eine gewachsene Stadt nachzuempfin-

Stadtmodell, Planstand 1965. Im Vordergrund die Kernstadt, rechts der WK V., in der Mitte das Naherholungsgebiet „Insel" und der WK VI, am oberen Bildrand der WK VII und die weitgehend mit Wohnblöcken überbaute Stadt Fürstenberg (Foto: Wolfgang Timme)

den und eine neue Stadt mit allem, was zu einer städtischen Siedlung notwendig ist, zu versehen, wurde nicht durchgehalten.

Die Gründe für diesen Form- und Funktionsverlust sind vielfältig. Der wohl entscheidende war der Zwang zur Schaffung von Wohnraum, ein weiterer die Aufgabe der politischen wie stadtplanerischen Prinzipien der Gründerphase. 1961 war Stalinstadt mit Fürstenberg und Schönfließ vereinigt worden und damit fielen nicht nur die ideologischen Vorbehalte, sondern auch die administrativen Schranken.

Schließlich war man in den 60er Jahren einer deutlichen Planungseuphorie verfallen, die sich in wiederholten Korrekturen der künftigen Entwicklungschancen des EKO und der Steigerung der Einwohnerzahlen Eisenhüttenstadts ausdrückte. Was 1958 spielerisch für 1963 vorgesehen war, wurde schon zu Beginn dieses Abschnitts auszugsweise wiedergegeben. Der 1962 aufgestellte Investitionsplan für die Stadt sah den Bau von fünf neuen Wohnkomplexen mit über 5000 Wohnungen vor und Eisenhüttenstadt sollte im Jahre 1972 55 000 Einwohner haben. Zwei Jahre später, 1964, ging man von 55 000 Einwohnern im Jahre 1980 aus, in späteren Planungen von bis zu 60 000 Einwohnern. Für das künftige Warmwalzwerk sollte ein achter Wohnkomplex zwischen Fürstenberg und dem Bahnhof errichtet werden. Im Generalbebauungsplan von 1969 schließlich prognostizierte man, daß Eisenhüttenstadt im Jahre 2000 Großstadt sein und 110 000 Einwohner haben würde. Die Stadt sollte wachsen und dafür war zu diesem Zeitpunkt sogar der Abriß Fürstenbergs geplant. Daß es dazu nicht gekommen ist, hängt vor allem mit den immer wieder hinausgeschobenen Ausbaustufen des EKO zusammen. Wenn man so will, hat der Mangel an Investitionsmitteln in der DDR das alte Fürstenberg gerettet, zumindest in seiner baulichen Substanz.

Die Zersplitterung Eisenhüttenstadts, die von Besuchern beklagte fehlende Urbanität, wird zu guten Teilen durch das Fehlen eines eigentlichen Stadtzentrums bewirkt. Die Planungen für die Gestaltung des Zentralen Platzes von 1953 waren, bis auf das 1958 fertiggestellte Haus der Parteien und Massenorganisationen, nicht verwirklicht worden. Nach der Wende zur Moderne in der zweiten Häfte der 50er Jahre war zwar die Magistrale errichtet worden, die eine der überzeugendsten Innenstadtlösungen der damaligen DDR-Architektur darstellt, nicht aber der Zentrale Platz als eigentliches Zentrum.

Der „Plan für Stalinstadt" aus dem Jahre 1958 sah für den Zeitraum von 1961 bis 1963 den Bau eines Kulturhauses, eines Rathauses, von Bank und Sparkasse vor. Verwirklicht wurden diese Planungen nicht, auch nicht ein Plan, der anstelle des Kulturhauses ein „Haus der Kultur und der Wissenschaften" in Form eines 14-stöckigen

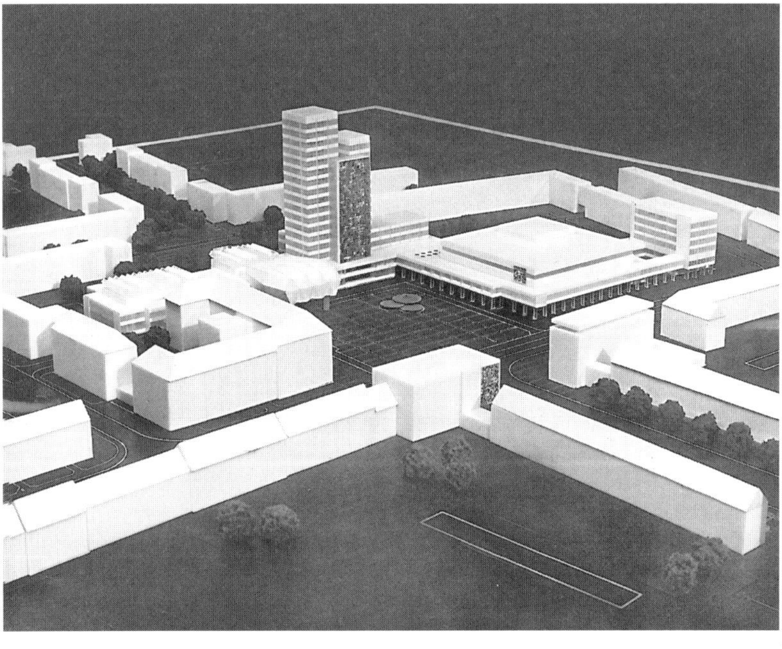

Planungen für den Zentralen Platz, Modell, 1968 (Foto: Wolfgang Timme)

Hochhauses vorsah, das u.a. auch einen Festsaal für 1000 Gäste enthalten sollte. Der Bau eines Rathauses war in diesem Plan bereits nicht mehr enthalten. Im Jahre 1968 kam es zu einem erneuten Anlauf, das Zentrum der neuen Stadt zu gestalten. Nunmehr war, neben einem „Centrum"-Warenhaus und einem Kulturhaus, geplant, das EKO in die Stadt zu holen. Für das Werk, das bald Kombinat werden würde, sollte ein Technologie- und Forschungszentrum am Zentralen Platz errichtet werden.[139] Jedoch scheiterten auch diese Pläne, weil der EKO-Werkdirektor dafür nicht zu gewinnen war und, so die Aussage des damaligen Chefarchitekten, die Planungen für das Kulturhaus immer größere Dimensionen annahmen.[140] Damit blieb der Zentrale Platz, was er schon zuvor gewesen war, eine große, leere Fläche.

Zu Beginn der 90er Jahre wurde der Zentrale Platz erneut Thema. Unter nunmehr veränderten gesellschaftspolitischen und ökonomischen Rahmenbedingungen sollte Eisenhüttenstadt ein attraktives Stadtzentrum erhalten, das seine Funktion als Mittelzentrum für die Region absichern helfen würde. In den Auslobungsbedingungen eines städtebaulichen Wettbewerbs von 1992 werden diese veränderten Parameter deutlich:[141] Statt eines Kulturhauses oder eines Technologiezentrums hatten jetzt Handel und Büros Vorrang. Erwünscht waren ein kombiniertes Einkaufs- und Freizeitzentrum, ein Hotel, Restaurants, ein „kombiniertes mediales und personelles Kontaktzentrum" und endlich ein Kino. Vom Kulturhaus blieben dann Räume für die Volkshochschule sowie ein Veranstaltungs- und Ausstellungsraum, vom Rathaus wurde Erweiterungsbedarf für die Stadtverwaltung gemeldet. Obwohl auch jetzt wieder eine Reihe beachtlicher Entwürfe zustande kam, fand sich kein Investor. Der Zentrale Platz blieb weiterhin unbebaut.

So notwendig die Stärkung des Stadtzentrums für die innere Struktur, aber auch für die Funktion Eisenhüttenstadts als regionales Zentrum ist, durch die Ansiedlung zweier großer Einkaufszentren vor den Toren der Stadt wurde ein völlig anderer Entwicklungsweg verfolgt. Das Prinzip der Shopping Mall steht in diametralem Gegensatz zur Stärkung des Stadtzentrums, wie man in vergleichbaren amerikanischen Mittelstädten sehen kann. Die erwünschten Einkaufspendler haben keine Ursache, das Zentrum zu betreten, eher treffen sich die Eisenhüttenstädter in den auf grüner Wiese errichteten Ladenpassagen.

4.4. Die Stadt im Rhythmus des Werks

Beobachtern fiel die Leere in Eisenhüttenstadt auf: „Es ist drei Uhr nachmittags – aber ich sehe kaum einen Menschen. Erst im Stadtzentrum begegne ich jemandem: Frauen in Schwesterntracht mit vielen Kindern. Eine von ihnen gibt mir die Erklärung für das menschenleere Stadtbild: 'Um diese Zeit sind alle im Werk. Nur wir sind da, wir betreuen tagsüber die Kinder.'"[142] In der Tat richtete sich die Infrastruktur Eisenhüttenstadts nach den Erfordernissen des Schichtbetriebs im Hüttenkombinat. Das wichtigste war die Unterbringung der Kinder. Kinderkrippen, Kindergärten und Schulen waren in Eisenhüttenstadt, nach anfänglichen Schwierigkeiten, praktisch begleitend zu den Wohnungen erbaut worden. Die Zahl der Kinderbetreuungseinrichtungen stieg zwischen 1954 und 1966 von drei auf 18 an; in diesem Jahr konnten knapp 2000 Kinder untergebracht werden.[143] Bis 1989 stieg die Zahl der Einrichtungen auf 27 und 94 Prozent der Kinder im Vorschulalter konnten damit betreut werden. 89 Prozent der Schüler der Klassen eins bis vier gingen nach Schulschluß in den Hort; 1972 hatte der Versorgungsgrad mit Hortplätzen noch bei 68 Prozent gelegen.[144] Hier war Eisenhüttenstadt anfangs besser gestellt, als die ländlichen Gebiete, war jedoch im Vergleich mit anderen Städten durchschnittlich versorgt. Seit 1975 konnten auch alle Anträge auf einen Krippenplatz berücksichtigt werden, so die offizielle Auskunft,[145] Wartezeiten, aber auch die Notwendigkeit, eine weiter entfernt liegende Einrichtung aufzusuchen, waren dagegen die Erfahrung. Dies alles war Voraussetzung für die Berufstätigkeit beider Elternteile, besonders, da aufgrund der Zuzugs von auswärts Großeltern seltener zur Verfügung standen. Der Anteil der berufstätigen Frauen konnte auch deshalb ansteigen. Betrug er zum Jahresende 1959 noch 31,5 Prozent aller Berufstätigen, so stieg er bis 1972 auf gut 46 Prozent an, um bis zum Ende der DDR auf dieser Höhe zu verbleiben.[146] Viele Frauen arbeiteten zudem noch auswärts, weil die Eisenhüttenstädter Industriestruktur Frauenarbeitsplätze nicht in ausreichendem Maße zur Verfügung stellen konnte. In Frankfurt (Oder), das mit seinem Halbleiterwerk einen auf Frauenarbeit ausgerichteten Betrieb aufwies, lag die Frauenerwerbstätigkeit ab den 70er Jahren deutlich höher, bei etwa 54 Prozent. Viele der Einpendlerinnen kamen aus Eisenhüttenstadt.

Die verbreitete Schichtarbeit mußte durch ein wohldurchdachtes System an sozialen Versorgungsleistungen abgesichert werden:[147] In den Schulen gab es eine halbe Stunde vor Schichtbeginn ab 6 Uhr 30 einen Frühhort, in allen Schulen Mittagessen, die Hortbetreuung dauerte bis 15 Uhr 30, in Sammelgruppen bis 16.30 Uhr. Für alleinstehende Eltern oder durch eine ungünstige Schichtverteilung belastete Familien gab es ein Kinderwochenheim und ein Schülerwochenheim, in denen die Kinder schichtarbeitender Eltern auch übernachten konnten. Besonders das Kinderwochenheim geriet jedoch in die Kritik, da es eine besondere Härte für die betroffenen Kinder bedeutete und wohl auch einige Eltern vor allem die bequeme Unterbringungsmöglichkeit sahen. Auch im Bereich der täglichen Versorgung mußte auf das Schichtsystem Rücksicht genommen werden. So gab es Spätverkaufsstellen, die Geschäfte wurden angewiesen, knappe Waren so gerecht zu verteilen, daß auch nach Schichtwechsel noch etwas übrig blieb. Kulturveranstaltungen, Fortbildungskurse, Dienstleistungen – bei allem mußte mit dem Schichtsystem gerechnet werden, das dennoch eine erhebliche Belastung für alle Familienmitglieder bedeutete. Vielfach blieb nur die Hausgemeinschaft als primäres Netz der Versorgung. Ältere oder nicht berufstätige Mitbewohner konnten sich im Zweifelsfall um die Kinder kümmern. Da die meisten Bewohner zur gleichen Zeit in einen Wohnblock eingezogen waren, bildete sich in Eisenhüttenstadt ein Gemeinschaftsgefühl ziemlich schnell, nicht nur aus der Not, sondern auch aus gemeinsamen Erfahrungen heraus. Es entstanden sozusagen Gründergenerationen im Kleinen, geprägt durch gemeinsame Erfahrungen von Zuzug, Lebensalter, Familiensituation und dem Zwang, sich mit der neuen Heimat anzufreunden.

Generationelle Unterschiede und verschiedenartige kulturelle und soziale Vorbilder führten auch in Eisenhüttenstadt zu unterschiedlichen Lebensläufen und Einstellungen gegenüber der Stadt und den Möglichkeiten, die sie bot. Im folgenden sollen deshalb zwei gegensätzliche Entwürfe skizziert werden, die aus Interviews mit heutigen und ehemaligen Eisenhüttenstädter/-innen entstanden.

Im Zuge des Aufbaus des Kaltwalzwerkes Mitte der sechziger Jahre kam Herr A. nach Eisenhüttenstadt. Als Montageschlosser hatte er bereits auf einer Reihe von Großbaustellen gearbeitet und suchte jetzt, nach Jahren des Umherziehens, etwas Festes:

„Ich habe meine Frau kennengelernt, wir haben geheiratet und dann kam das Problem, was ausschlaggebend war, die Wohnungsfrage. Als mein Sohn unterwegs war, mußte ich mich nun langsam kümmern, denn es wurde zu eng bei Schwiegereltern. Ich hab in der Zeitung damals gelesen unter der Überschrift „Eisenhüttenstadt EKO, Inbetriebnahme des Kaltwalzwerkes, dringend werden benötigt ...", Wohnung innerhalb eines Jahres. Hatte ein paar Tage Urlaub, hab mich hier beworben, vorgestellt, wurde angenommen. Und das Versprechen, innerhalb eines Jahres eine Wohnung zu erhalten, wie ich sie wollte, 2 1/2-Zimmer mit Balkon, habe ich gekriegt. Ich hatte vorher schon mit ein paar Arbeitskollegen, also auch alles junge Leute, die damals hier Wohnungen gesucht haben, aus allen Himmelsrichtungen kamen wir, alles erst mal angeguckt und dann haben wir gesagt, gut.

Ich bin im KWW eingestellt worden. Nach der Inbetriebnahme wurden wir alle in die Schichten aufgegliedert. Ich wollte im Schichtbetrieb arbeiten, weil das ein paar Pfennige Geld mehr waren, das konnte man damals gut gebrauchen. Die andere Seite: ich konnte mich dann immer mit meinem Kind beschäftigen, wenn ich innerhalb der Woche meine freien Tage hatte. Das fand ich, war der größte Vorteil.

Ich bin beizeiten in den Eisenhüttenstädter Karnevalsverein reingegangen, und auch durch die damaligen Brigadebildungen kam ein Teil doch recht freundschaftlicher Verhältnisse zusammen. Wir haben unseren Freundeskreis, und wenn wir uns so unterhalten, kommen wir immer wieder darauf zurück, wir haben das nie bereut. Wir hatten unsere Arbeit. Im Haus, da gab es sehr viel Kontakte. In unserem Block waren 70 Prozent EKOianer. Da kannte man einen Großteil aus dem Betrieb und vielleicht 20, 30 Mann waren in einer Schicht. Da kommt man sich näher, selbst wenn man nicht unmittelbar zusammen arbeitet.

Es waren ja überwiegend junge Leute, die ne Familie hatten und die aus einer Ecke kamen, wo das Wohnungsproblem absolut nicht vorwärts ging. Die haben dann eines Tages gesagt, jetzt ist Feierabend, da kriegen wir eine. Die vielleicht auch nicht so heimatverbunden waren. So kamen die Leute her. Erstens warens bessere Verdienstmöglichkeiten, und die Wohnungen. Ich würde sagen, das waren die ausschlaggebenden Sachen.

Manchmal werde ich behandelt wie eine Prinzessin: ah, aus Eisenhütten..., echt, aus Eisenhütten...! Weils eben ein Modell ist. Leute, für die ich gearbeitet habe, sagten immer: na, unsere Eisenhüttenstädterin muß das machen. Praktisch war ich das einzig zur Auskunft berechtigte Kind des Sozialismus. Das war natürlich ironisch übertrieben, aber sie haben es schon irgendwie so gemeint.

Was war denn der neue Mensch? Jemand der gerne arbeitet zum Wohle des Sozialismus, der sich moralisch verhält, verantwortungsvolle Familienväter und Mütter sind, hohes Arbeitsethos, ein hohes moralisches privates Ethos, Zufriedenheit, Fortschrittsglaube, Optimismus, Gesundheit. Oder fehlt noch was?"

4.5. Eisenhüttenstadt im Vergleich

Eisenhüttenstadt wird als Projekt einer „ersten sozialistischen Stadt" gern in seiner Besonderheit hervorgehoben. Die Bedeutung der Werksgründung für den 1. Fünfjahrplan der DDR ist dabei ebenso deutlich, wie die der städtebaulichen Anlage der Kernstadt als einzigem Beispiel für die Verwirklichung der 16 Grundsätze des Städtebaus in einer eigenständigen Stadtneugründung. Auch ihre politische Bedeutung für die DDR war bis zu deren Ende augenfällig. Zwischen Eisenhüttenstadt und Saarlouis war auf intensives Betreiben der Saarlouiser Kommunalpolitiker 1986 die erste deutsch-deutsche Städtepartnerschaft ins Leben gerufen worden. Eisenhüttenstadt hätte den Zuschlag sicher nicht erhalten, wären die Stadt und ihre Bevölkerung nicht als ideologisch zuverlässig und als „guter Botschafter" für die Interessen der DDR angesehen worden.

So unbestreitbar die hervorgehobene Position Eisenhüttenstadts ist, so muß sie doch auch vergleichend interpretiert werden. Drei Vergleichsebenen bieten sich an: der Vergleich mit anderen bedeutenden Gründungsstädten unter autoritärer staatlicher Planung und Leitung, die Suche nach vergleichbaren Stadtgründungen in der Industrialisierungsphase der Nachkriegszeit in Osteuropa, sowie der Vergleich mit den Eisenhüttenstadt nachfolgenden Neustädten der DDR.

In Europa vollzog sich die Industrialisierung und damit die Entstehung von Industriestädten zwischen der Mitte des 18. und der Mitte des 20. Jahrhunderts und damit über einen Zeitraum von etwa zwei Jahrhunderten. Als klassisches Modell der Herausbildung der urbanisierten, industriell begründeten Städte gilt das 19. Jahrhundert, das sowohl reine Industriestädte wie im nördlichen Ruhrgebiet, wie auch multifunktionale Städte mit starkem industriellen Anteil hervorgebracht hat. Zum ganz überwiegenden Teil ist das Städtesystem Europas und Nordamerikas von dieser Industrialisierungsphase überformt worden. Es handelte sich jedoch um einen langwierigen Prozeß, der, und dies wird gerade in heutiger Zeit wieder überaus deutlich, auch von Phasen der De-Industrialisierung unterbrochen sein konnte.

Demgegenüber repräsentiert Eisenhüttenstadt einen anderen Typ, den der autoritären Stadtgründung aus ökonomischen Ursachen. Dafür steht der Begriff der „industriellen Gründungsstadt".[148] Er kennzeichnet, daß es einen eigentlichen Gründungsvorgang gibt, nicht aber ein langsames Herauswachsen der Industriestadt aus vorhandenen vorindustriellen Städtetypen, auch nicht die nachträgliche Bildung einer Stadt aus einer sich etablierenden Industrie und einer Agglomeration von vorstädtischen Siedlungen. In Deutschland fanden solche Gründungen im nationalsozialistischen Staat und in der DDR statt, Diktaturen also, die ihr Ziele autoritär setzten und durchsetzten. Für das nationalsozialistische Deutschland sind die Städte Wolfsburg und Salzgitter bekannt, die parallel zur Errichtung des Volkswagenwerkes und der Hermann-Göring-Werke, eines schwerindustriellen Staatskonzerns, entstanden.[149] Der Nationalsozialismus gilt als stadt-, insbesondere großstadtfeindlich. Gemäß dem nationalsozialistischen Leitbild sollten mit Wolfsburg und Salzgitter Städte entstehen, die in einer Art konfliktfreiem Raum das autoritäre Harmoniemodell der Einheit von Betriebführer und Gefolgschaft in die Wohnsiedlung verlängerten, ebenso aber eine soziale Versorgung der Arbeiterschaft des Werkes garantieren sollten. Es entstand damit unter politischen Vorzeichen ein Gegenbild zur traditionellen, konfliktreichen Industriegesellschaft, deren Städte unter anderem für schlechte Wohnbedingungen bekannt und für soziale Auseinandersetzungen grundlegend waren. Auch zeigen die beiden nationalsozialistischen industriellen Gründungsstädte eine massive Monostruktur, indem sie auf einen alles dominierenden Betrieb aufgebaut und ausgerichtet waren. Schließlich ist für beide Städte kennzeichnend, daß sie nicht als ergänzender Teil bestehender Städte, sondern als völlige Neugründungen ohne Anbindung an wesentliche Siedlungsstrukturen geplant wurden. In militärischer und wehrwirtschaftlicher Hinsicht war ihre geographische Lage inmitten des damaligen Reichsgebiets wesentlich.

Damit werden Parallelen zu Eisenhüttenstadt deutlich. Die Überwindung der negativen Folgen des Kapitalismus in der städtischen Lebensweise, die industrielle Monostruktur, die Ausrichtung der Stadt auf ein gesamtstaatlich als bedeutend angesehenes Werk, schließlich die geographische und gesellschaftliche Isolierung von vorhandenen traditionellen Siedlungsstrukturen und die militärstrategisch „sichere" Lage treffen auch auf die neue Stadt an der Oder zu. Die gleichfalls offenkundigen wesentlichen Unterschiede – Wolfsburg und Salzgitter waren Rüstungsbetriebe mit einem hohen Anteil an Zwangsarbeit – unterstreichen die Bedeutung der konkreten historischen Umstände, die zur Stadtgründung geführt haben, sollen aber die typologischen Ähnlichkeiten nicht verdecken.

Die Gründung Eisenhüttenstadts 1950/51 beruhte auf dem sowjetischen Industrialisierungsmodell der Schaffung großer, schwerindustrieller Betriebe, die in den 20er und 30er Jahren oft in Verbindung mit neuen Städten errichtet wurden. Magnitogorsk ist das bekannteste, aber bei weitem nicht das einzige Beispiel. Mit dem Ende des Zweiten Weltkrieges und der Ausdehnung des sowjetischen Einflußbereiches auf Ost-Mitteleuropa kam es zu einer Übertragung des sowjetischen Industrialisierungsmodells auf die Staaten unter sowjetischer Dominanz. Dies bedeutete: Priorität für den Aufbau der Schwerindustrie und, wo nötig, der gleichzeitige Bau neuer Industriestädte. War dieses Modell in der Sowjetunion mit einer nachholenden Industrialisierung verbunden, so galt dies für die Staaten Ost-Mitteleuropas nur teilweise: eher für Bulgarien, Ungarn und Rumänien, für Polen nur in Teilen, für die Tschechoslowakei und die DDR so gut wie gar nicht. Doch gleich, ob überwiegend agrarisch oder eher industriell geprägt, die kriegszerstörte Wirtschaft mußte überall wieder aufgebaut werden, und das geschah sozusagen bottom up, beginnend mit den schwerindustriellen Grundlagen, zumal die Sowjetunion als leistungsfähigstes Land seine Stahlkapazitäten zunächst für den eigenen Wiederaufbau benötigen würde. Auf diese Weise entstanden in den späten 40er und frühen 50er Jahren mehrere Städte nach sowjetischem Muster: Dimitroffgrad in Bulgarien entstand in Verbindung mit Zement- und Chemiefabriken ab 1947, Dunaujváros (früher Sztálinváros) als wichtigste Stadt der Schwerindustrie in Ungarn, und Nowa Huta um die Lenin-Hütte, eine Stadt von 200 000 Einwohnern vor den Toren von Krakau in Polen. Auch wenn vergleichende Untersuchungen zu diesen industriellen Gründungsstädten noch weitgehend fehlen, ist ihr politischer und wirtschaftlicher Zusammenhang doch unübersehbar. Eisenhüttenstadt stellt also aus internationaler Perspektive keinesfalls ein einzigartiges Beispiel für den Typ einer industriellen Stadtgründung in der Mitte des 20. Jahrhunderts dar.

In Westeuropa sind vergleichsweise Gründungen nicht anzutreffen. Zwar gab es auch hier Neugründungen von Städten, die sich um die Mitte des 20. Jahrhunderts konzentrieren, aber sie waren nie auf einen industriellen Kern gerichtet. Die New Towns Englands, Mittelstädte in einer Entfernung von etwa 100 Kilometern um London, dienten der Entlastung der Metropole und der Dezentralisierung der Wohnstrukturen inmitten des stark gewerblich entwickelten südenglischen Raums. Die neuen Städte in den Niederlanden, wie etwa Lelystad, entstanden auf trockengelegten Poldergebieten und sollten ebenfalls den Ballungsraum um Amsterdam entlasten. Auch hier wurde keine Industrie angesiedelt, sondern von Pendlerbewegungen in einer agglomerierten Region ausgegangen. In der Bundesrepublik ist Sennestadt bei Bielefeld die einzige völlig neu erbaute stadtähnliche Siedlung. Als eigenständige Stadt hat sich Sennestadt jedoch nicht entwickelt, es ist heute entgegen den Intentionen der Gründer Teil Bielefelds. Neuplanungen für Industriegebiete wiederum, jedoch ohne die entsprechenden Stadtneugründungen, gab es in Westeuropa ebenfalls. Gerade im Bereich der Stahlindustrie ist das südfranzösische Fos-sur-Mer ein gut untersuchtes Beispiel.[150] Hier jedoch baute man keine Wohnstadt für die Industriearbeiter, sondern wollte einen Ausgleich für die bereits bestehende Metropole Marseille schaffen.

Richten wir den Blick wieder auf die DDR, so blieb Eisenhüttenstadt nicht die einzige industrielle Stadtgründung; ihr folgten in den 50er und 60er Jahren Hoyerswerda, Schwedt und Halle-Neustadt, die jedoch Unterschiede auf mehreren Ebenen aufweisen.

Hoyerswerda, die ab 1957 errichtete Wohnstadt für das Energiekombinat „Schwarze Pumpe", südlich von Spremberg gelegen, gilt als erstes Beispiel für einen komplett mit Mitteln des industriellen Bauwesens errichtete Stadt. Ende 1954, Anfang 1955 war es, u.a. ausgelöst durch die Moskauer Baukonferenz im Dezember 1954 und das Programm der Industrialisierung des Bauwesens auf dem IV. Parteitag der SED 1954, zu einem grundlegenden Wechsel in Architektur und Städtebau in der DDR gekommen. Die traditionelle Ziegelbauweise sollte durch industriell gefertigte Normteile abgelöst werden, die auf der Baustelle nur noch montiert zu werden brauchten. Die bis dahin gültige „Nationale Bautradition" galt nunmehr als sinnloser Drang zur Verzierung. Unter der Losung „schneller, besser, billiger bauen" diskutierte die 1. Baukonferenz der DDR vom 3. bis 6. April 1955 ökonomische Lösungen des Wohnungsbaus, der Ministerrat folgte mit seinem Beschluß über „Die wichtigsten Aufgaben im Bauwesen" (21.4.1955). Es galt nunmehr, Wohnungen, später auch Gemeinschaftseinrichtungen in möglichst großer Zahl möglichst schnell und zu möglichst geringen Kosten zu errichten, um die immer noch bestehende Wohnungsnot in den kriegszerstörten Städten zu beseitigen. Hoyerswerda, für das bereits ab 1954 die ersten Entwürfe vorgelegt worden waren, wurde per Regierungsbeschluß vom 23.6.1955 die erste Stadt in der DDR, die vollständig in Großblock- und Plattenbauweise aufgebaut wurde. Hierzu wurde das erste vollmechanisierte Plattenwerk der DDR errichtet. Es entstand eine „Stadt nach dem Verlauf des Portalkrans", die bereits in ihrer Entstehungszeit heftige Zweifel an ihrer urbanen Qualität entstehen ließ. Die Schriftstellerin Brigitte Reimann, die seit 1960 in Hoyerswerda lebte und über die Stadt eine Erzählung und ein Romanfragment schrieb,[151] fragte in einem Zeitungsartikel in polemischer Absicht „Kann man in Hoyerswerda küssen?"[152] Ursprünglich für 50 000 Einwohner geplant, wuchs die Stadt in den 80er Jahren auf über 70 000 Einwohner an – eine gleichförmige Wohnsiedlung, deren Zentrum erst ab Ende der 60er Jahre erbaut wurde. Außer den Wohnungen und dem zwölf Kilometer entfernten Hauptarbeitsplatz „Schwarze Pumpe" fehlte damit so gut wie alles, was die besondere städtische Lebensweise ausmachte, die in der Wohnstadt des Eisenhüttenkombinats noch so wichtig für die Planer und Gegenstand langjähriger Debatten gewesen war.[153]

Wie Hoyerswerda, und ebenfalls Gegensatz zur EKO-Wohnstadt, entstand auch Schwedt an der Oder unmittelbar an eine vorhandene Stadt angelehnt. Das stark kriegszerstörte alte Schwedt wurde infolge des „Chemieprogramms" von 1958, das unter anderem eine Umstellung von der Braunkohlen- auf die wesentlich effektivere Erdölchemie vorsah, Standort für ein Petrolchemisches Kombinat.[154] Die Raffinerie war Teil eines Gemeinschaftsprojekts des RGW, dessen Kern der Bau der Erdölversorgungsleitung „Freundschaft" war, die Rohöl in die Tschechoslowakei und die DDR lieferte. Bei Schwedt überschritt die Pipeline die Oder. Hier wie schon in Eisenhüttenstadt war also die Nähe zu den Rohstoffen ausschlaggebend für die Standortwahl des Industriekomplexes. Ab 1960 entstand eine Industriestadt, die zunächst 17 bis 20 000 Einwohner, nach späteren Planungen bis zu 60 000 Einwohner haben sollte. In Schwedt sollten die in Hoyerswerda gemachten Fehler einer großen Uniformität und Weitläufigkeit der Stadtanlage vermieden werden. So wurden die industriellen Typenbauten variantenreicher strukturiert, besonders im Zentrum durch große „Wohnscheiben" eine hohe Bevölkerungsdichte erreicht. Auch das Stadtzentrum und seine wichtigsten Einrichtungen wurden zeitlich früher an den Wohnungsbau anschließend errichtet.[155]

Entgegen den bisher beschriebenen Städten war das ab 1964 erbaute Halle-Neustadt nicht Wohnstadt eines einzelnen Industriebetriebes, sondern eine Art Sammler. Unmittelbar an die Großstadt Halle/Saale anschließend, entstand eine Wohnstadt für die Chemiearbeiter, die in auf die gesamte Region verteilten Industriebetrieben arbeiteten, jedoch trotz bereits intensiven Wohnungsbaus in den Kleinstädten und Dörfern des Reviers in den 50er Jahren nicht zufriedenstellend untergebracht werden konnten. Da die neue Stadt ein großes Einzugsgebiet mit Wohnungen versorgen sollte, erfolgten 1959/60 umfangreiche Untersuchungen über 19 verschiedene Standorte. Zunächst war Halle-Neustadt für 20 000 Einwohner, halbkreisförmig gruppiert gegenüber dem alten Halle, geplant. Nachdem jedoch der VI. Parteitag der SED 1963 den vorrangigen Ausbau der Chemieindustrie beschlossen hatte, mußte die Stadt wesentlich größer werden. Während an den ersten Häusern 1964 bereits gebaut wurde, plante man die Stadt völlig um und sah eine Größe von 70 000 Einwohnern vor. Entlang einer langgestreckten Magistrale entstanden nun hochkonzentrierte Wohngebiete, mit Subzentren versehen, und bereits ab 1966 die ersten Bauten im Stadtzentrum, das allerdings erst 1975 endgültig konzipiert wurde.[156]

Diese vier Neustädte der DDR zeigen den massiven Wandel, dem Architektur und Stadtplanung in der DDR im Verlauf mehrerer Jahrzehnte unterworfen waren. Vom monumentalen Stil der EKO-Wohnstadt bis zu den immer differenzierteren Lösungen der industriellen Bauweise läßt sich so etwas wie ein Lernprozeß im Umgang mit der Moderne ablesen; aber auch die fortdauernden ökonomischen Zwänge, die zeitweise in Eisenhüttenstadt noch zugunsten einer repräsentativen Architektur negiert worden waren, aber bereits in Hoyerswerda die Stadt praktisch von Grund auf prägten, lassen sich im Vergleich ablesen. Der Architekturhistoriker Thomas Topfstedt hat bereits zu DDR-Zeiten darauf hingewiesen, daß die Produktionspalette der Bauindustrie, selbst als sie von der Komplettlieferung von Haustypen auf ein Modulsystem umgestellt war und mit der Wohnungsbauserie 70 (WBS 70) erstmals eine Art Komplettlösung für den Wohnungs- wie auch den Gesellschaftsbau anbot, niemals auch wirklich ausgenutzt wurde. Wichtige Komponenten der Stadtplanung wie Wohnkomplex und Magistrale blieben in allen Städten erhalten, obwohl die Wohnkomplexe unter Einfluß einer möglichst rationellen Bauweise bald immer größer wurden.

Deutlich ist der Unterschied zwischen den vier Neustädten und dem sonstigen industriellen Wohnungsbau, der lange Zeit auf die Planung großer Stadtrandsiedlungen setzte: die Ausgestaltung „vollständiger Städte" mit einem Stadtzentrum war in diesen Neustädten noch Teil der Planung, auch wenn die Realisierung generell überaus spät, teilweise gar nicht kam. So sind insbesondere Eisenhüttenstadt und Hoyerswerda unvollständige Städte geblieben.

Eisenhüttenstadt zeigt die verschiedenen Phasen des Wohnungsbaus und der Stadtplanung der DDR in seinen Bauetappen und Wohnkomplexen deutlich. Dennoch ist die Stadt aufgrund ihrer kompakten Kernstadt etwas besonderes und in der DDR nicht ein zweites Mal gebaut worden.

Wirtschaftliche Gründe waren grundsätzlich ausschlaggebend für die Planung der Neustädte, auch wenn sich nach und nach die Wirtschaftsschwerpunkte der Industrieplanung änderten: Stahl, Energie, Chemie – damit ist praktisch die Abfolge der DDR-Industrialisierungsstrategie mit ihren Schwerpunktprogrammen über mehr als

20 Jahre umrissen. Mit Ausnahme von Halle-Neustadt, das als Sammelwohnstadt für die Chemieregion Halle-Bitterfeld diente und im Zentrum des Landes lag, wurden die Neustädte in wirtschaftlich unterentwickelten Gebieten und zumeist fernab anderer Zentren errichtet. Damit wird deutlich, daß Wirtschaftspolitik in der DDR auch eine Art Strukturpolitik des Ausgleichs bedeutete. Entlang der Odergrenze wurden mit Eisenhüttenstadt und Schwedt zwei Städte als industrielle Kerne geschaffen, die auf ihr Umfeld wirken sollten, jedoch eher eine fortdauernde Sonderstellung in einer weitgehend agrarischen Umgebung einnahmen. Auch ein genereller Niveauausgleich zwischen dem industrialisierten Süden der DDR und dem zurückgebliebenen Norden und Osten wurde nicht wirklich erreicht. Im Bezirk Frankfurt/Oder, in dem Eisenhüttenstadt und Schwedt lagen, konnte zwar der Industrialisierungsgrad, d.h. der Anteil der Bewohner, die in der Industrie arbeiteten, von 17,2 Prozent im Jahr 1955 auf 29,6 Prozent 1988 gesteigert werden, nicht zuletzt durch die großen Industriekomplexe in Eisenhüttenstadt und Schwedt (Frankfurt/Oder mit dem Halbleiterwerk kam als neue Industrie hinzu), die Einwohnerzahl blieb jedoch generell zurück, so daß der Bezirk weiterhin zu den dünnbesiedeltsten der DDR gehörte. Die Landkreise Eisenhüttenstadt und Beeskow erreichten gerade einmal die Hälfte der durchschnittlichen Bevölkerungsdichte des Bezirks und nahmen weiter ab. Die Zahlen für 1961 und 1988 lauten: Landkreis Eisenhüttenstadt von 50 Einwohner pro Quadratkilometer auf 38, Landkreis Beeskow von 42 Einwohner auf 39.[157] Die neuen Industriestädte waren also nicht Kerne einer sich entwickelnden Industrieregion, sondern sogen die agrarisch orientierte Bevölkerung praktisch auf und blieben isoliert und einem sich entleerenden Land.

Diesem Industrialisierungs- und Strukturmodell folgte die DDR in den 70er und 80er Jahren nicht mehr. Auch wenn der Wohnungsbau weiterhin in starkem Maße auf die Stadtrandsiedlungen konzentriert blieb – Berlin-Hellersdorf ist als letzte Großsiedlung der DDR dafür ein gutes Beispiel – baute man nunmehr verstärkt auch innerstädtisch. Die Planung neuer Städte, die die sozialistische Lebensweise garantieren sollten, wurde zugunsten der Umgestaltung vorhandener Städte aufgegeben. Neue Industriebetriebe wurden, beginnend mit der Chemiefaserindustrie bereits ab den 60er Jahren, wieder an traditionellen Gewerbestandorten mit qualifizierter Beschäftigtenstruktur angesiedelt, das Modell der industriellen Gründungsstadt war damit aufgegeben.

zu Demonstrationen und anderen Aktionen, die den Verhandlungspartnern in der Landes- und Bundesregierung bis hin zur Europäischen Union deutlich machten, daß das Werk für die Stadt und die Region unverzichtbar war. Hauptproblem der Privatisierung war die Genehmigung einer Produktionsquote für Stahl durch die Europäische Union. Diese wurde im Dezember 1993 erteilt, auch wenn dafür andere Stahlwerke in Ostdeutschland geschlossen werden mußten. Ein Jahr später übernahm das belgische Unternehmen Cockerill Sambre das EKO und im Juli 1997 konnte endlich mit der Eröffnung des Warmwalzwerkes die entscheidende Verarbeitungsstufe für ein integriertes Hüttenwerk verwirklicht werden. Heute gehört das EKO der französischen Stahlgruppe Usinor.

In vielem ist das heutige Eisenhüttenstadt eine historisch gewachsene Stadt geblieben, einiges hat sich nach der friedlichen Revolution von 1989/90 grundlegend verändert. Ein Blick in das Statistische Jahrbuch der Stadt[160] gibt Auskünfte über den aktuellen Stand: Ende 1998 hatte Eisenhüttenstadt noch 44 700 Einwohner, gegenüber einem Höchststand der Bevölkerungszahl von 53 000 im Jahre 1988. Damit teilt die Stadt das Schicksal vieler Kommunen in Ostdeutschland. Die Gründe für diesen Bevölkerungsverlust sind differenziert: die Stadt ist seit 1990 durchgängig durch Abwanderung gekennzeichnet, wobei allein 1990 fast 4000 Bewohner fortzogen. Das Saldo der Zu- und Fortzüge seit 1990 beträgt 9312 Personen. Auch der bis 1989 vorhandene Geburtenüberschuß verkehrte sich ab 1990 in einen Sterbeüberschuß, bedingt allein durch einen Rückgang der Geburten auf etwa ein Drittel gegenüber dem Stand der achtziger Jahre. Gab es 1985 noch 785 Geburten in Eisenhüttenstadt, so waren es 1998 nur noch 245. Demgegenüber blieb die Zahl der Verstorbenen praktisch konstant. Im Ergebnis dieser natürlichen Bevölkerungsbewegung ergab sich ein Sterbeüberschuß von weiteren 1184 Personen.

Betrachten wir die aktuellen Zu- und Fortzüge etwas genauer, so stellen wir ein fast ausgeglichenes Verhältnis fest, dazu ein deutliches Übergewicht der Nahwanderung: etwa 70 Prozent der Zu- und Fortgezogenen betrafen die Neuen Bundesländer, gut 60 Prozent kamen aus Brandenburg, gut 63 Prozent zogen in dieses Bundesland. Knapp 40 Prozent der Zugezogenen kamen aus der näheren Umgebung, d.h aus Frankfurt und den drei umliegenden Ämtern, fast 44 Prozent zogen dorthin. Berlin als nahegelegene Metropole spielt dagegen eine deutlich geringere Rolle: gut 6 Prozent kamen aus Berlin, 5,5 Prozent zogen dort hin. Dies bedeutet, daß sich die Wanderungsbewegungen zu einem großen Teil im regionalen Bereich abspielen und aktuell auch keine dramatischen Verschiebungen zeigen. Allerdings ist die Attraktivität der umliegenden Dörfer für den Bau von Eigenheimen deutlich und dies entzieht der Stadt Steuereinnahmen.

Die Industrie ist nach wie vor der bedeutendste Arbeitgeber in der Stadt; von 20 000 versicherungspflichtig Arbeitenden waren dort im Jahre 1998 7300 tätig, mehr, als fünf Jahre zuvor. Dagegen haben die Dienstleistungen das Baugewerbe als zweitwichtigster Arbeitsbereich überholt. Starke Einbrüche erlebten auch die Beschäftigungsfelder Organisationen, Gebietskörperschaften und Sozialversicherungen, also

Wandbild „Entwicklung der menschlichen Gesellschaft" an der ehemaligen Juri-Gagarin-Schule" (Foto: Andreas Ludwig)

die öffentlichen Verwaltungen. Hier ging die Zahl der Arbeitsplätze von über 4000 im Jahre 1994 auf 1665 1998 zurück. Aufgrund dieser Einbrüche war die Zahl der Arbeitslosen in Eisenhüttenstadt hoch. Sie schwankte zwischen 14,5 Prozent und 20 Prozent. 1998 gab es knapp 5500 Arbeitslose in der Stadt und die Zahl der Arbeitsuchenden lag mit mehr als 8200 noch deutlich darüber. Arbeitsbeschaffungsmaßnahmen halfen, die Situation zu mildern. So konnten 1998 mehr als 1100 ABM-Stellen vermittelt werden. Nach wie vor hoch ist die Zahl der Pendler. Fast jeder dritte versicherungspflichtig beschäftigte Eisenhüttenstädter arbeitete auswärts, ohne daß die Statistik näher ausführt, wo die entsprechenden Arbeitsplätze liegen.

Mit dieser schwierigen ökonomischen und sozialen Lage steht Eisenhüttenstadt im Vergleich zu anderen Städten Ostdeutschlands jedoch keinesfalls allein. Trotz aller Probleme ist es gelungen, den industriellen Kern zu erhalten und damit einen Ausgangspunkt für eine künftige Entwicklungschance.

In der öffentlichen Wahrnehmung spielte das EKO in den vergangen Jahren in der Tat eine entscheidende Rolle. Zugleich interessierte die Frage, wie Eisenhüttenstadt mit seiner historischen Rolle als „erste sozialistische Stadt" umgehen würde. In der Presse wurde die Entwicklung um die Privatisierung des EKO aufmerksam verfolgt. Vor allem das Scheitern des Verkaufs an Riva 1994 wurde als Tiefpunkt einer Entwicklung interpretiert. Zum anderen interessierte man sich in den Medien für die architektonische und städtebauliche Substanz, die nach 1989 durch Mittel der Denkmalpflege saniert wurde. Die Kernstadt Eisenhüttenstadts war bereits Mitte der 80er Jahre unter Denkmalschutz gestellt worden. In ihrer Beschreibung einer Mischung aus Erinnerung an vorangegangene Aufbaujahre und einen offensichtlichen Verfall bisheriger Gewißheiten kamen viele Journalisten zu einem insgesamt elegischen Bild der Stadt, für die das folgende Zitat typisch ist: „Eher apathisch liegen die Wohnkomplexe der ehemaligen Stalinstadt in der meist milchigen Sonne der Oderlandschaft. Eine einsame Stadt mit ungeklärter Zukunft."[161] Ein Stimmungsbild, das die Realität in der Stadt indes nur in Teilen trifft.

6. Quellenanhang

1. Die 16 Grundsätze des Städtebaus

Grundsätze des Städtebaus[162]

Die Stadtplanung und die architektonische Gestaltung unserer Städte müssen der gesellschaftlichen Ordnung der Deutschen Demokratischen Republik, den fortschrittlichen Traditionen unseres deutschen Volkes sowie den großen Zielen, die dem Aufbau ganz Deutschlands gestellt sind, Ausdruck verleihen.

Dem dienen die folgenden Grundsätze:

1. Die Stadt als Siedlungsform ist nicht zufällig entstanden.
   Die Stadt ist die wirtschaftlichste und kulturreichste Siedlungsform für das Gemeinschaftsleben der Menschen, was durch die Erfahrung von Jahrhunderten bewiesen ist.
   Die Stadt ist in Struktur und architektonischer Gestaltung Ausdruck des politischen Lebens und des nationalen Bewußtseins des Volkes.

2. Das Ziel des Städtebaus ist die harmonische Befriedigung des menschlichen Anspruchs auf Arbeit, Wohnung, Kultur und Erholung.
   Die Grundsätze und Methoden des Städtebaus fußen auf den natürlichen Gegebenheiten, auf den sozialen und wirtschaftlichen Grundlagen des Staates, auf den höchsten Errungenschaften von Wissenschaft, Technik und Kunst, auf den Erfordernissen der Wirtschaftlichkeit und auf der Verwendung der fortschrittlichen Elemente des Kulturerbes des Volkes.

3. Städte „an sich" entstehen nicht und existieren nicht. Die Städte werden in bedeutendem Umfange von der Industrie und für die Industrie gebaut. Das Wachstum der Stadt, die Einwohnerzahl und die Fläche werden von den städtebildenden Faktoren bestimmt, d.h. von der Industrie, den Verwaltungsorganen und den Kulturstätten, soweit sie mehr als örtliche Bedeutung haben.
   In der Hauptstadt tritt die Bedeutung der Industrie hinter der Bedeutung der Verwaltungsorgane und der Kulturstätten zurück.
   Die Bestimmung und Bestätigung der städtebildenden Faktoren ist ausschließlich Angelegenheit der Regierung.

4. Das Wachstum der Stadt, ihrer Bevölkerung und ihrer Fläche führt zu schwer zu beseitigenden Verwicklungen in ihrer Struktur, zu Verwicklungen in der Organisation des Kulturlebens und der täglichen Versorgung der Bevölkerung und zu betriebstechnischen Verwicklungen sowohl in der Tätigkeit wie in der Weiterentwicklung der Industrie.

5. Der Stadtplanung zugrunde gelegt werden müssen das Prinzip des Organischen und die Berücksichtigung der historisch entstandenen Struktur der Stadt bei Beseitigung ihrer Mängel.

6. Das Zentrum bildet den bestimmenden Kern der Stadt.
   Das Zentrum der Stadt ist der politische Mittelpunkt für das Leben seiner Bevölkerung.
   Im Zentrum der Stadt liegen die wichtigsten politischen, administrativen und kulturellen Stätten. Auf den Plätzen im Stadtzentrum finden die politischen Demonstrationen, die Aufmärsche und die Volksfeiern an Festtagen statt.
   Das Zentrum der Stadt wird mit den wichtigsten und monumentalsten Gebäuden bebaut, beherrscht die architektonische Komposition des Stadtplanes und bestimmt die architektonische Silhouette der Stadt.

7. Bei Städten, die an einem Fluß liegen, ist eine der Hauptadern und die architektonische Achse der Fluß mit seinen Uferstraßen.

8. Der Verkehr hat der Stadt und ihrer Bevölkerung zu dienen. Er darf die Stadt nicht zerreißen und der Bevölkerung nicht hinderlich sein.
   Der Durchgangsverkehr ist aus dem Zentrum und aus dem zentralen Bezirk zu entfernen und außerhalb seiner Grenzen oder in einem Außenring um die Stadt zu führen.
   Anlagen für den Güterverkehr auf Eisenbahn und Wasserwegen sind gleichfalls dem zentralen Bezirk der Stadt fernzuhalten.
   Die Bestimmung der Hauptverkehrsstraßen muß die Geschlossenheit und die Ruhe der Wohnbezirke berücksichtigen.
   Bei der Bestimmung der Breiten der Hauptsverkehrsstraßen ist zu berücksichtigen, daß für den städtischen Verkehr nicht die Breite der Hauptverkehrsstraßen von entscheidender Bedeutung ist, sondern eine Lösung der Straßenkreuzungen, die den Anforderungen des Verkehrs gerecht wird.

9. Das Antlitz der Stadt, ihre individuelle künstlerische Gestalt wird von Plätzen, Hauptstraßen und den beherrschenden Gebäuden im Zentrum der Stadt bestimmt (in den größten Städten von Hochhäusern). Die Plätze sind die strukturelle Grundlage der Planung der Stadt und ihrer architektonischen Gesamtkomposition.

10. Die Wohngebiete bestehen aus Wohnbezirken, deren Kern die Bezirkszentren sind. In ihnen liegen alle für die Bevölkerung des Wohnbezirks notwendigen Kultur-, Versorgungs- und Sozialeinrichtungen von bezirklicher Bedeutung.
Das zweite Glied in der Struktur der Wohngebiete ist der Wohnkomplex, der von einer Gruppe von Häuservierteln gebildet wird, die von einem für mehrere Häuserviertel angelegten Garten, von Schulen, Kindergärten, Kinderkrippen und den täglichen Bedürfnissen der Bevölkerung dienenden Versorgungsanlagen vereinigt werden. Der städtische Verkehr darf innerhalb dieser Wohnkomplexe nicht zugelassen werden, aber weder die Wohnkomplexe noch die Wohnbezirke dürfen in sich abgeschlossene isolierte Gebilde sein. Sie hängen in ihrer Struktur und Planung von der Struktur und den Forderungen der Stadt als eines Ganzen ab.
Die Häuserviertel als drittes Glied haben dabei hauptsächlich die Bedeutung von Komplexen in Planung und Gestaltung.

11. Bestimmend für gesunde und ruhige Lebensverhältnisse und für die Versorgung mit Licht und Luft sind nicht allein die Wohndichte und die Himmelsrichtung, sondern auch die Entwicklung des Verkehrs.

12. Die Stadt in einen Garten zu verwandeln, ist unmöglich. Selbstverständlich muß für ausreichende Begrünung gesorgt werden. Aber der Grundsatz ist nicht umzustoßen: in der Stadt lebt man städtischer, am Stadtrand oder außerhalb der Stadt lebt man ländlicher.

13. Die vielgeschossige Bauweise ist wirtschaftlicher als die ein- oder zweigeschossige. Sie entspricht auch dem Charakter der Großstadt.

14. Die Stadtplanung ist die Grundlage der architektonischen Gestaltung. Die zentrale Frage der Stadtplanung und der architektonischen Gestaltung der Stadt ist die Schaffung eines individuellen einmaligen Antlitzes der Stadt. Die Architektur muß dem Inhalt nach demokratisch und der Form nach national sein. Die Architektur verwendet dabei die in den fortschrittlichen Traditionen der Vergangenheit verkörperte Erfahrung des Volkes.

15. Für die Stadtplanung wie für die architektonische Gestaltung gibt es kein abstraktes Schema. Entscheidend ist die Zusammenfassung der wesentlichsten Faktoren und Forderungen des Lebens.

16. Gleichzeitig mit der Arbeit am Stadtplan und in Übereinstimmung mit ihm sind für die Planung und Bebauung bestimmter Stadtteile sowie von Plätzen und Hauptstraßen mit den anliegenden Häuservierteln Entwürfe fertigzustellen, die in erster Linie durchgeführt werden können.

2. Standortsuche

„Erneute Besichtigung des Geländes Fürstenberg" [163]

Nachdem zunächst als Baugelände das Gebiet westlich der Pohlitzer Seen und nördlich des Pohlitzer Mühlfliesses vorgesehen war, kamen bei näherer Untersuchung Bedenken wegen der durch diese Lage bedingten politischen, kulturellen und wirtschaftlichen Isolierung der neuen Stadt von Fürstenberg. Es wurden deshalb die als Wohngebiet in Frage kommenden Plätze erneut untersucht. (...) Als Ergebnis wurde das Gelände südlich Schönfließ, reichend vom Kanal im Osten bis zu den Diehloer Bergen im Westen, als das beste Baugelände, das auch den Grundsätzen unseres Städtebaus am nächsten kommt, festgestellt...

Standort 1:	Gelände nördlich der Straße Fürstenberg beiderseits der Straße Fürstenberg-Vogelsang
Für:	Baugelände dicht im Anschluß an Fürstenberg vorhanden. Versorgungsleitungen gut lösbar.
Gegen:	Liegt im Windschatten des Werkes, die Entfernung von Mitte Wohnstadt bis Mitte Werk beträgt etwa 5 km, ist also zu weit.
Abschließendes Urteil:	Standort 1 scheidet als Wohnstadt aus.

Standort 2:	Gelände südlich der Strasse Fürstenberg – Schönfliess im Kanalbogen zu beiden Seiten der Bahn Frankfurt-Guben gelegen.
Für:	Dicht an Fürstenberg gelegen, Transportlage an Kanal und Bahn günstig, Anschluss an Versorgungsleitungen, landschaftlich in guter Nachbarschaft durch die Waldung auf der Kanalinsel, liegt nur bei Nordwinden im Windschatten des Werkes.
Gegen:	Das Gelände wird von der Hauptbahn Frankfurt-Guben durchschnitten. Durch die Bahn des neuen Industriewerks wird das Gelände eine weitere Durchschneidung erfahren. Der Bahnkörper schneidet die neue Stadt durch seine Breite von der alten Stadt ab. Im Südteil schlechter Baugrund, Entfernung von Mitte Wohnstadt zu Mitte Werk auch etwa 5 km. Das Gelände eignet sich sehr gut für die Hilfsindustrie des neuen Industriewerkes, da es in unmittelbarer Nachbarschaft des Kanals und der Bahn liegt.
Abschließendes Urteil:	Standort 2 scheidet als Wohnstadt aus der Betrachtung aus.

Standort 3:	Gelände südöstlich der Stadt Fürstenberg zwischen der Oder und dem Kanal.
Gegen:	Das Gelände ist die Niederung zwischen den Oder- und Kanaldeichen. Das Wiesenland ist feucht und nur mit grossen Kosten zu erschliessen. Das Wohnen wäre in der Niederung ungesund. Die Entfernung von Mitte Wohnstadt bis Mitte Werk würde etwa 6-7 km betragen.
Schließendes Urteil:	Standort 3 scheidet als Wohnstadt aus der Betrachtung aus.
Standort 4:	Gelände westlich der Pohlitzer Seen und nördlich des Pohlitzer Mühlenfliesses.
Für:	Geeignetes Baugelände, nicht im Windschatten des Werkes liegend, durch Baumbestand, Hügel und Seen landschaftlich gut geeignet.
Gegen:	Die Erschließung müsste vollkommen neu geschehen, denn das Gelände liegt etwa 5 km Luftlinie und 8 km Strasse von Fürstenberg entfernt. Bei der zuerst nur langsam möglichen Erschliessung fehlen die für den Uebergang notwendigen Anlagen wie beispielsweise Versorgungsleitungen, Schulen, Läden, Verwaltungen usw. Die politische, kulturelle und wirtschaftliche Isolierung der neuen Stadt spricht also gegen dieses Baugelände.
Abschliessendes Urteil:	Standort 4 scheidet als Wohnstadt aus der Betrachtung aus.
Standort 5:	Gelände südlich Schönfliess, reichend vom Kanal im Osten bis zu den Diehloer Bergen im Westen.
Für:	Liegt in der Nähe des Werkes, hat im Hintergrund die Diehloer Berge, nicht im Windschatten des Werkes, reicht im Osten bis in die Nähe des Stichkanals (Transportmöglichkeiten), Anschluss an die Fürstenberger Wasserleitung möglich.
Gegen:	Zu einem grossen Teil Ackerland, mit kleinen Parzellen besetzt, Weg nach Fürstenberg von Mitte bis Mitte 3 km, durch das Baugelände führt eine Chaussee.
Abschliessendes Urteil:	Von den 5 untersuchten Bauplätzen der geeignetste Platz, der eine stufenweise Entwicklung der neuen Wohnstadt zulässt."

3. Pressberichte aus den 50er Jahren

Fürstenberg – Erste sozialistische Stadt der DDR

Von den Diehloer Bergen bis an die Tore des Hüttenkombinats zieht sich Gerüst an Gerüst, liegen quadratförmig angeordnet Mauersteine, Kalk und Mörtel. Für das Hüttenkombinat wurde die Losung geprägt: „Polnische Kohle, sowjetische Erze, deutscher Stahl". Gibt es für die Stadt eine ähnliche Losung? Herbert Ruß, der Sonderbeauftragte des Ministeriums für Aufbau, der in einer kleinen Baracke seine Arbeitsstätte aufgeschlagen hat und das Wachsen der Stadt täglich mit eigenen Augen verfolgt, charakterisiert sie so: „Das ist nicht eine Stadt des Zufalls, sondern ihre Größe und wirtschaftliche Struktur schließt als Basis die ganze neue Gesellschaftsordnung unseres Staates ein. Bei jedem neuen Werk, so auch bei dieser Stadt, erkennen die Menschen, wie groß und umfassend die Perspektiven sind, die durch die Gründung der DDR gegeben wurden."

Noch immer geht gleichmäßiger Regen, doch wen hält er hier ab, wo doch die Arbeit beinahe stündlich Fortschritte erkennen läßt. Es ist das Seltsame, daß einerseits schon fertige Häuser stehen, sich ganze Straßen und Plätze abzeichnen, und andererseits alles noch einer großen Baustelle gleicht. Beides ist oft eng aneinander anzutreffen. In 550 fertigen Wohnungen sind schon Arbeiter, Ingenieure und Techniker des Kombinats eingezogen, während an den übrigen Bauten – bis Jahresende sollen es 905 Wohnungen sein – noch eifrig gearbeitet wird.

Das ist eine große Leistung, und mancher an der Oder hat sich schon oft gefragt, wie sie möglich wurde. Wer weiß nicht, daß nach den alten Baumethoden oft Monate ins Land gingen, bis die Richtkrone von einem fertigen Haus kündete. Wir bauen eben anders in unserer sozialistischen Stadt, berichten die Arbeiter (...)

Schon heute ist an den fertigen Häusern vieles zu sehen, was später Kennzeichen des Sozialismus in der Stadt sein wird. Die Stadt ist in fünf Wohnkomplexe aufgeteilt, die jeder für sich allein Kinderkrippen, Kindertagesstätten, Schulen, Kinos und Läden besitzen. (...)

Das Herz der Stadt wird ein zentraler Aufmarschplatz sein, der von einem Rathaus, einem Kulturpalast, einer Parteischule, einem Haus der demokratischen Organisationen und einem großen Kino umgeben ist. Vom Werk führt zu diesem Aufmarschplatz ein direkter Weg. (...)

Der Blick gleitet aus dem Fenster über die erste sozialistische Stadt. Vergessen ist das Grau des Tages. Von unten dröhnt das Stampfen der Mischmaschinen herauf. Beton, Beton, Beton, singen sie ihr rhythmisches Lied. Weit umfassend ist die Handbewegung des Produktionsleiters Langgut, als wolle er die Stadt eigenhändig schützen. Auf diese Stadt sind heute die Augen von 18 Millionen Menschen gerichtet. Sie ist die erste, die wir als sozialistisch bezeichnen. Viele andere werden ihr folgen. (...)
(Illustrierte Rundschau Nr. 19, 1952)

Stalinstädter Impressionen.
Wild-West in der Mark Brandenburg – Eine verwahrloste Stadt

Die Oder bei Fürstenberg ist jetzt, im Januar, ein blasser schmaler Strom. Drüben patrouilliert volkspolnische Miliz. Fürstenberg war einmal ein verschlafenes brandenburgisches Städtchen. Heute ist es ein Vorort von Stalinstadt.

Auf einer weiten, freien Fläche, etwa zwei Kilometer entfernt, breitet sich die „Goldgräber"-Stadt der Zone aus; eine Wildwest-Siedlung für harte junge Leute, eine Goldgrube für Männer und Frauen, die hier die höchste Bezahlung der Zone erhalten und sich dafür die Gesundheit ruinieren. Nicht einmal das Wismut-Gebiet im Erzgebirge weist solche Löhne auf.

Angaben über die Einwohnerzahl schwanken zwischen 15 000 und 24 000. Die Hochöfen, Fabrikhallen, Kulturhäuser, Konsumgeschäfte und HO-Läden, die halbfertigen und fertigen Wohnblocks, die zahllosen Baracken stehen ohne Beziehung zueinander im eisigen Ostwind. Die einzige deutsche Stadt, die keine Kirche besitzt...

Man muß an Filme über Alaska denken, an Bilder aus den Zwangsarbeitslagern Sibiriens, wenn man die unfertige Hauptstraße entlang geht, überall liegen Kanalisationsröhren, es riecht nach Kohlsuppe und Schmutz.

Kneipe an Kneipe. Wenn man eintritt – und es ist gleichgültig, ob vormittags oder abends – wird man von Betrunkenen angestiert, irgendwo ist eine Schlägerei im Gange – die Geldscheine und Messer sitzen lose. Harte, junge Gesichter – Männer und Frauen, Zwangsverpflichtete und auch Freiwillige, die rasch zu Geld kommen wollen, und es ebenso rasch wieder ausgeben. Wodka und Tokaier, HO-Platten und Salzheringe. Kaum jemand ist verheiratet.

Goldgräber-Atmosphäre in der Mark Brandenburg. Der Gesundheitszustand ist verheerend. Das alltägliche Lagerleben in den Baracken, der Schmutz, der moralische Dreck, der sich hier aufgespeichert hat. Sittliche Verwahrlosung gehört zu Stalinstadt wie die Transparente mit den halb vom Schnee verdeckten Losungen. Die Partei wird täglich „überfahren". Man nimmt sie nicht ernst, nimmt aber das Geld, das sie zahlt.

Kürzlich brannte eine Halle ab. Dort wurden die aus Oberschlesien eintreffenden Kohlenzüge angewärmt, damit sie sich schneller entladen lassen. Sabotage? Unachtsamkeit? Sicher beides. Jetzt kratzt man mit der Hacke die Züge leer.

Wozu dies alles? fragt man. Wahnsinn, hier ein „Eisenkombinat" zu errichten – ohne Erz, ohne Kohle. Aber die „DDR" befahl es. Und so entsteht diese seltsamste Stadt, die es je in Deutschland gegeben hat.
(Der Tag, 22.1.1954)

4. Das 11-Punkte-Programm des Rats der Stadt[164]

Wir schlagen dem Rat des Bezirkes vor, folgenden Empfehlungen dem Ministerrat der Deutschen Demokratischen Republik zur Beschlußfassung zu unterbreiten:

1. Die Aufbauleitung Stalinstadt, die den Rat der Stadt Stalinstadt als Investträger vertritt, ist dem Rat der Stadt Stalinstadt zu unterstellen.
2. Das Ministerium für Aufbau ist zu ermahnen, die Grundsätze der Städteplanung zu beachten und ausserdem ... die Planung 1954 vor der Stadtverordneten-Versammlung zu erläutern und von dieser bestätigen zu lassen.
   Alle sich nachdem ergebenden grundsätzlichen Veränderungen bedürfen der Zustimmung der Stadtverordnetenversammlung.
3. Der Rat der Stadt ist vom Generalprojektanten weitestgehend zu unterstützen bei der Organisierung von regelmäßigen Beratungen mit der Bevölkerung über den Plan des Aufbaus und den Fortgang der Arbeiten anhand von Plänen, Skizzen und Modellen.
4. Das Ministerium für Aufbau ist zu verpflichten, Massnahmen einzuleiten, um die Nachfolgeeinrichtungen beschleunigt fertigzustellen wobei insbesondere die Backwarenfabrik bis spätestens Februar 1954 in Betrieb zu nehmen ist.
5. Der Bau der Fleisch- und Wurstwarenfabrik ist schnellstens zu beginnen und spätestens im Frühjahr 1954 fertigzustellen.
6. Um der Seuchengefahr entgegenzutreten und um den dringenden Forderungen der Werktätigen zu entsprechen, sind noch im Jahre 1953 mindestens 2 öffentliche Bedürfnisanstalten zu errichten.
7. Da für 20.000 Einwohner im Stadtkreis Stalinstadt keine Gaststätten bestehen, ist der Forderung der Werktätigen Rechnung zu tragen und die im Plan vorgesehene aber noch nicht begonnene Gaststätte bis spätestens zum 21.12.1953 fertigzustellen.
8. Die Forderung der Werktätigen, noch in diesem Jahr mit dem Bau eines weiteren Sportplatzes und eines Badebeckens zu beginnen und die Straßenbeleuchtung im bereits bewohnten Teil der Stadt bis spätestens Oktober 1953 fertigzustellen, ist zu entsprechen.
9. (...)
10. Um die großen Verzögerung(en) im Bauablauf wegen ungenügender Projektierungsunterlagen zu vermeiden, ist das Entwurfsbüro ab sofort nach Stalinstadt zu verlegen.
11. Über die durchgeführten Massnahmen ist vom Ministerium für Aufbau im Monat Juli vor der Stadtverordneten-Versammlung Stalinstadt zu berichten.

gez. Wettengel, Oberbürgermeister

5. Wahlergebnisse

Ergebnisse der Kommunalwahlen 1993 und 1998[165]
(in Prozent der gültigen Stimmen)

	1993	1998
SPD	36,3	40,1
CDU	14,2	18,6
PDS	27,0	27,1
F.D.P.	3,0	–
Bündnis 90/Grüne	5,7	1,4
Neues Forum	3,0	–
Bürgervereinigung Fürstenberg	6,4	7,6
REP	1,8	5,2
Wahlbeteiligung	51,0	72,0

Ergebnisse der Kreistagswahlen 1998
(in Prozent der gültigen Stimmen)

	Eisenhüttenstadt	Landkreis Oder-Spree
SPD	39,5	40,4
CDU	18,0	18,9
PDS	25,3	21,9
Bündnis 90/Grüne	3,2	3,5
Bürgerverband Oder-Spree	6,7	6,1
REP	2,8	0,8
F.D.P.	2,2	2,1
Wahlbeteiligung	65,2	77,1

6. Bevölkerung Eisenhüttenstadts nach Stadtteilen, 1998[166]

„Neustadt"	
Wohnkomplex I	2624
Wohnkomplex II	3391
Wohnkomplex III	2165
Wohnkomplex IV	3867
Wohnkomplex V	3117
Wohnkomplex VI	9677
Wohnkomplex VII	6672
übrige Wohngebiete	5457
Ortsteil Fürstenberg	3989
Ortsteil Schönfließ	2955
Ortsteil Diehlo	403
gesamt:	45317

7. Anmerkungen

1 Helga Schultz: Die Oderregion in wirtschafts- und sozialhistorischer Perspektive, in: dies, Alan Nothnagle Hg.): Grenze der Hoffnung. Geschichte und Perspektiven der Grenzregion an der Oder, Potsdam 1996, S.79-113, hier S. 79.

2 Ein Topos, der sich durch die Geschichtsschreibung über Eisenhüttenstadt zieht. Erstmals verwendet in Hans Marchwitza, Ottmar Gerster: Chorkantate Eisenhüttenkombinat Ost, 1952, im folgenden als Teil der DDR-Geschichtsschreibung weiterverwendet, vgl. Jörn Schütrumpf: "Wo einst nur Sand und Kiefern waren..." "Vergangenheitsbewältigung" im Eisenhüttenkombinat Ost, in: Rosmarie Beier (Hg.): aufbau west aufbau ost. Die Planstädte Wolfsburg und Eisenhüttenstadt in der Nachkriegszeit, Ostfildern 1997, S.141-147.

3 Die Ausführungen folgen Klaus-Dieter Gansleweit u.a.: Eisenhüttenstadt und seine Umgebung. Ergebnisse der heimatkundlichen Bestandsaufnahme im Gebiet zwischen Oder, Neiße und Schlaubetal um Eisenhüttenstadt und Neuzelle, Berlin 1986, S. 23 (= Werte unserer Heimat, Bd.45); Gertraud Eva Schrage, Helmut Assing und Heidelore Böcker in: Ingo Materna, Wolfgang Ribbe (Hg.): Brandenburgische Geschichte, Berlin 1995.

4 Darauf bezieht sich auch Fritz Kracheel u.a: Zur 700jährigen Geschichte der Stadt Fürstenberg (Oder) und ihrer ländlichen Umgebung vom Feudalismus bis zum Aufbau des Sozialismus 1255-1955, in: 700 Jahre Fürstenberg (Oder). Festwoche vom 27. August – 4. September 1955, o.O. 1955.

5 Gansleweit, S.112.

6 "General-Plan des Neu-Zellischen Stifts-Territorii in verschiedenen Abteilungen oder Grund Risse sämmtlicher unter das Fürstl. Freye Stifft und Closter Neu Zelle gehörigen Vorwerker und Ortschaften ... Angefertigt 1758 & 1759 von C.L. Grund et C.A. Bohrat". Das Original befindet sich in der Staatsbiliothek zu Berlin.

7 Geheimes Staatsarchiv PK, XI. HA Karten, AKS, Rolle 42 I.

8 Hans-Joachim Uhlemann: Zur Geschichte der Oderschiffahrt, in: Beiträge zur Geschichte Eisenhüttenstadts, Bd.2, S.5-14; Eva Driescher, Herbert Richter: Vom Kaisergraben zum Oder-Spree-Kanal, in: ebd., S.15-23; Horst Wesuls: Geschichte, Gegenwart und Zukunft des Friedrich-Wilhelm-Kanals, in: Heimatkalender 1994, S.40-45; Klaus-Dieter Gansleweit: Nachrichten über vergessene Oderbrücken bei Fürstenberg, in: Heimatkalender 1996, S.61 f.

9 Dieter Sichting: Der lange Weg zur Oderbrücke, in: Heimatkalender 1995 , S.24-27.

10 Chronikalische Angaben dieses Buches stützen sich, soweit nicht anders angegeben, auf: Willy Pegert: Zeittafel zur Geschichte des VEB EKO Ost und seines Territoriums (einschließlich Vorgeschichte bis 1986), Ms., Eisenhüttenstadt o.J.; GEM, Arbeitsgruppe Stadtchronik: Zeittafel zur Geschichte Eisenhüttenstadts 1950-1990, Ms., Eisenhüttenstadt 1995; GEM: Historischer Ab-

riß der Betriebsgeschichte der EKO Stahl AG, Ms., Eisenhüttenstadt o.J.

11 Die Ausführungen dieses Abschnitts beziehen sich auf Schütrumpf, in: Beier (Hg.), S.141-147; Joachim Hübner: Rüstungsbetriebe in Fürstenberg, in: Arbeitsgruppe Stadtgeschichte (Hg.): Eisenhüttenstadt. Erste sozialistische Stadt Deutschlands, Berlin 1999, S. 26-33; Wolfgang Schieche: Das Kraftwerk Vogelsang, in: Heimatkalender 1995, S.13-17; Jenny Richter, Heike Förster, Ulrich Lakemann: Stalinstadt – Eisenhüttenstadt. Von der Utopie zur Gegenwart. Wandel industrieller, regionaler und sozialer Strukturen in Eisenhüttenstadt, Marburg 1997, S.15-17, Thomas Irmer: Spuren nach Sachsenhausen, in: Arbeitsgruppe Stadtgeschichte, S. 37-46.

12 Edgar N. Henry: Im Winter war es sehr kalt. Erinnerungen an das Stalag III B, in: Arbeitsgruppe Stadtgeschichte (Hg.), S. 34-36.

13 Stadtarchiv Eisenhüttenstadt (StA Ehs), Sign. Degussa, unpag., Schreiben v. 23.11.1939, zit. n. Schütrumpf.

14 Ruth May: Planstadt Stalinstadt. Ein Grundriß der frühen DDR – aufgesucht in Eisenhüttenstadft, Dortmund 1999, S.49; StA Ehst, o. Sign., Ausländerbestandsmeldung v. 1.11.1943, zit. n. Hübner, S.31.

15 Richter u. a., S. 16.

16 Aussage Fritz Schulz, erster Bürgermeister nach Kriegsende, zit. n. Erich Opitz u.a.: Chronik der ersten Jahre. Eine regionale Quellensammlung für Fürstenberg/Oder und Umgebung 1945-1949, Neuzelle 1994, S.23.

17 So langsam kam alles wieder in Schuß. Ende und Anfang 1945. Gespräch mit Herrn E., in: Arbeitsgruppe Stadtgeschichte, S.47-51.

18 Opitz u.a. bieten reichhaltiges Anschauungsmaterial zur Alltagsgeschichte, besonders der Jahre 1945 und 1946. Die äußerst verdienstvolle Quellensammlung wurde von Lehrern und Schülern des Gymnasiums Neuzelle zusammengetragen und ist Grundlage der Ausführungen auf den folgenden Seiten.

19 Alexander von Plato, Wolfgang Meinicke: Alte Heimat – neue Zeit. Flüchtlinge, Umgesiedelte, Vertriebene in der Sowjetischen Besatzungszone und in der DDR, Berlin 1991, S.25.

20 Nach Pegert.

21 Angaben für 1939, 1946, 1964 nach Gansleweit, S.209; alle anderen Angaben bei Opitz u.a., S.15, S.22, S.34-36.

22 Opitz u.a., S. 35.

23 Jochen Cerny: Der Aufbau des Eisenhüttenkombinats Ost 1950/51, phil. Diss. Jena 1972; Helmut Wienert: Die Stahlindustrie in der DDR, Berlin 1992; Jörg Roesler: "Eisen für den Frieden". Das Eisenhüttenkombinat Ost in der Wirtschaft der DDR, in: Beier (Hg.), S. 149-157. Zahlenangaben nach Wienert, S. 29.

24 Ebd., S.49.

25 Protokoll der Verhandlungen des III. Parteitages der Sozialistischen Einheitspartei Deutschlands, 20. bis 24. Juli 1950, 1. – 3. Verhandlungstag, Berlin 1951, S.356.

26 DDR. Werden und Wachsen. Zur Geschichte der Deutschen Demokratischen Republik, Berlin 1974, S.199.

27 Gutachten des Ministeriums für Aufbau, Hauptabteilung I – Landesplanung –, v. 25.7.1950; vgl. Cerny, S. 55; May, S. 43 ff.

28 May, S.46.

29 Richter u.a., S.20 f.

30 Dieses und andere Argumente differenziert Schultz, S. 97.

31 Cerny, S.67 ff, zu den Vorgängen.

32 Richter u.a., S. 20.

33 Tägliche Rundschau v. 20.8.1950, zit. n. Cerny, S.78.

34 Bundesarchiv, Außenstelle Potsdam (BA Potsdam), Sign. 07-8/2, Ministerium für Aufbau v. 11.5.1951.

35 Grundlegend für das folgende Cerny, S. 92 passim.

36 Alle Angaben nach ebd., S. 75, S. 97-99, S. 161.

37 Schultz, S.80 f.

38 Claudius gehörte zu den in dieser Zeit namhaften jungen Schriftstellern der DDR. Sein Roman "Menschen an unserer Seite" gehört zu den Klassikern der sogenannten "Aufbauliteratur".

39 Cerny, S. 150.

40 Ministerium für Aufbau, Strukturuntersuchung Fürstenberg, zit.n. Wolfgang Anton: Arbeitskräfte und Betriebe 1950, in: Arbeitsgruppe Stadtgeschichte, S. 66 f.

41 Vgl. den Bericht von Manfred Plöckinger: Das Haftarbeitslager Vogelsang, in: Arbeitsgruppe Stadtgeschichte, S.149-151.

42 Fürstenberg gehörte bis 1950 zum Kreis Guben, wurde dann bis 1952 dem Kreis Frankfurt/Oder zugeschlagen, bis 1953 der Stadtkreis Stalinstadt und der Landkreis Fürstenberg gebildet wurden.

43 Axel Gayko: Die Industrialisierung des brandenburgischen Grenzraums an Oder und Neiße in den 50er und 60er Jahren – Bevölkerung und Arbeitsmarkt unter Berücksichtigung polnischer Grenzpendler, in: Peter Hübner, Klaus Tenfelde (Hg.): Arbeiter in der SBZ-DDR, Essen 1999, S. 205-234, hier S.208.

44 Cerny, S. 213, Liste vom 29.3.1951.

45 Wolfgang Kil: Der letzte Monolith. Baudenkmal Stalinstadt, in: Bauwelt 1992, H.10, S.497 ff..

46 Jüngst Elisabeth Knauer-Romani: Eisenhüttenstadt und die Idealstadt des 20. Jahrhunderts, Weimar 2000. Der Abschnitt stützt sich grundlegend auf May, sowie Werner Durth, Jörn Düwel, Niels Gutschow: Architektur und Städtebau in der DDR. Bd.1: Ostkreuz. Personen, Pläne, Perspektiven; Bd.2: Aufbau. Städte, Themen, Dokumente, Frankfurt am Main/New York 1998.

47 Wolfgang R. Krabbe: Munizipalsozialismus und Interventionsstaat. Die Ausbreitung der Städtischen Leistungsverwaltung im Kaiserreich, in: Geschichte in Wissenschaft und Unterricht 1979, H.5, S.265-283.

48 Werner Sombart: Der Begriff der Stadt und das Wesen der Städtebildung, in: Archiv für Sozialwissenschaften und Sozialpolitik, XXV (1907), H.1, S.1-9.

49 Simone Hain: Die andere "Charta". Städtebau auf dem Prüfstand der Politik, in: Städte bauen. Kursbuch 112, Berlin 1993, S.47-62.

50 Dies., Institut für Regionalentwicklung und Strukturplanung (Hg.): Reise nach Moskau. Quellenedition zur neueren Planungsgeschichte, Berlin 1995.

51 Städteliste in: Gesetz über den Aufbau der Städte in der Deutschen Demokratischen Republik und der Hauptstadt Deutschlands, Berlin (Aufbaugesetz) v. 6. September 1950, in: Gesetzblatt

der DDR Nr.104 v. 14.9.1950.

52 Durth u.a., S.367, Entschließung "Kampf gegen Formalismus in Kunst und Wissenschaft" durch das ZK der SED auf seiner Tagung am 15.-17.3.1951.

53 Durth u.a., S. 360; BA Potsdam, DH 2, A/29.

54 BA Potsdam, Ministerium für Aufbau, HA II, Vermerk v. 15.11.1950 über Besprechung beim ZK der SED.

55 BA Potsdam, DH 2 A/29, Ministerium für Aufbau, Beratungen am 7.2. und 14.2.1951 in der Deutschen Bauakademie.

56 Ebd., Besprechungsprotokoll Ministerium für Aufbau v. 19.10.1950.

57 Ebd., Schreiben des Ministeriums für Aufbau v. 16.12.1950.

58 Eine ausführliche Darstellung der ersten Wohnungstypen bei Andreas Butter: Die ersten Typenbauten der Wohnstadt, in: Arbeitsgruppe Stadtgeschichte (Hg.), S.88-91. Die Typenbauten waren anfangs verbindlich für den gesamten Wohnungsbau der DDR, vgl. Hanns Hopp: Typengrundrisse für den Wohnungsbau 1950, in: Planen und Bauen 1950, H.4, S.129-131.

59 Unser Friedenswerk Nr.15, 1951.

60 Zit.n. Durth u.a., S. 376.

61 BA Potsdam, Sig. 07-8/2, Fürstenberg-Bevölkerungsstruktur, Vermerk des Ministeriums für Aufbau v. 30.7.1951.

62 Erläuterungen zum Entwurf der Wohnstadt des Eisenhüttenkombinats Ost. v. 7.7.1951.

63 Die sozialistische Stadt des Eisenhüttenkombinates Ost, in: Deutsche Architektur 1/1952, H.3, S.100-105.

64 Ihm gehörten die Architekten Collein, Liebknecht, Henselmann, Magritz und Leucht, also die Crème der DDR-Architektenschaft, dazu aus Stalinstadt Oberbürgermeister Wettengel und der Sekretär der SED-Kreisleitung Dahinten an, vgl. May, S. 201.

65 Durth u.a., S. 394-396. Man warf ihm Selbstüberschätzung vor; Leucht war neben seinen Aufgaben in Eisenhüttenstadt zugleich Institutsleiter in der Deutschen Bauakademie und einer der Projektanten der Berliner Stalinallee, vgl. May, S. 197.

66 Wolfgang Anton: Ein neuer, würdiger Name. Wohnstadt Fürstenberg – Stalinstadt – Eisenhüttenstadt, in: Arbeitsgruppe Stadtgeschichte (Hg.), S.131-137.

67 Vgl. Michael Tillmann: Das Verhältnis von Staat-Kirche am Fallbeispiel Stalinstadt in den fünfziger Jahren, Staatexamensarbeit, Potsdam 1995.

68 Durth u.a., S. 402-410.

69 Ebd., S. 462-468.

70 Frühere Planungsauffassungen in Andreas Seidel: Erste sozialistische Stadt im Grünen. Planung und Realität in den Fünfzigern, in: Arbeitsgruppe Stadtgeschichte (Hg.), S. 70-87

71 Thomas Topfstedt: Eisenhüttenstadt: Die Magistrale zum Kombinat, in: Neue Städte aus Ruinen. Deutscher Städtebau der Nachkriegszeit, München 1992, S.138-147, S.140.

72 Karl Mundstock: Helle Nächte. Roman, Halle 1953, S.21. Die im Text vermerkten Seitenzahlen beziehen sich auf die zweite Auflage.

73 Geb. am 26.3.1915, Mitglied des KJVD, nach 1933 Haft und später Mitglied der illegalen KPD. Nach Rückkehr aus englischer Kriegsgefangenschaft freier Schriftsteller in Berlin; Mitglied des PEN-Zentrums der DDR und des Berliner Bezirksvorstandes des Deutschen Schriftstellerver-

bandes.; vgl. Gabriele Baumgartner, Dieter Hebig (Hg.): Biographisches Handbuch der SBZ/DDR 1945-1990, Bd.2, München 1997, S.575.

74 Interview des Autors mit Karl Mundstock am 14.5.1999. Der Text wurde für die Veröffentlichung bearbeitet.

75 Wolfgang Joho: Der schwere Weg zum Roman. Zu "Helle Nächte" von Karl Mundstock, in: Sonntag, Jg. 1953, Nr.12.

76 Brigitte Reimann: Ankunft im Alltag, Erzählung, Berlin 1961.

77 Das mußt Du lesen. Bücher aus unserer Zeit. Ein Verzeichnis für alle, die sozialistisch arbeiten, lernen und leben wollen. Zusammengestellt und bearbeitet von R. Böhme und H. Hauffe, Leipzig 1961, S.52.

78 Erschienen 1955, teilweiser Vorabdruck in der Zeitschrift neue deutsche literatur 1953.

79 Kurt Liebermann: Der Maler und Grafiker Oskar Nerlinger. Ein Beitrag zur Kunst der Gegenwart, Dresden 1956, S.90 f.

80 Stiftung Archiv Akademie der Künste, Archivabteilung Bildende Kunst, Nerlinger-Archiv (SAdK, Nerlinger-Archiv) Nr.75, Arbeitsbericht zum Werkvertrag mit der Staatlichen Kommission für Kunstangelegenheiten.

81 Ebd. Die ursprüngliche Absicht, ein Bild von der 1.-Mai-Feier im Werk anzufertigen, wurde aufgegeben,vgl. Liebermann, S. 100; SAdK, Nerlinger-Archiv, Nr.90, Vortrag über die künstlerische Arbeit im Eisenhüttenkombinat Ost, 1952, handschriftl., Bl.3.

82 Günter Feist, Eckhart Gillen: Kunstkombinat DDR. Daten und Zitate zur Kunst und Kunstpolitik der DDR 1945-1990, Berlin 1990, S.20 f. Die Staatliche Kommission für Kunstangelegenheiten war am 31.8.1951 gegründet worden mit dem Ziel "die Entwicklung einer fortschrittlichen deutschen Kultur" zu fördern. Nach Ministerpräsident Otto Grotewohl hieß dies, "...daß die politische Kritik bei der Beurteilung unserer Kunst primär ist und daß die künstlerische Kritik sekundär ist." Zit. n. Katja Widmann: "Eine Gemäldeausstellung in dieser Stadt"? Kunst in den Aufbaujahren Wolfsburgs und Stalinstadts, in: Beier (Hg.), S. 345-357, hier S.345.

83 SAdK, Nerlinger-Archiv, Nr.80, Stellungnahme zu einem Artikel über die Ausstellung "Mit Zeichenstift und Pinsel im Eisenhüttenkombinat Ost" in der "B.Z. am Abend" vom 15.11.1952.

84 SAdK, Nerlinger-Archiv, Nr.83, undatiert.

85 U.a. Der Morgen v. 18.10.1952, Berliner Zeitung v. 12.11.1952, dazu Interview mit Nerlinger in der National-Zeitung v. 19.11.1952 und Replik auf eine Ausstellungskritik in BZ am Abend v. 2.12.1952.

86 SAdK, Nerlinger-Archiv, Nr.107.

87 SAdK, Nerlinger-Archiv, Nr. 77, Über meine Erfahrungen mit den Werktätigen und den Dienststellen des Eisenhüttenkombinat Ost, Manuskript zur Veröffentlichung in der Zeitschrift "Aufbau" vom 27.4.1953.

88 SAdK, Nerlinger-Archiv, Nr.107

89 Feist/Gillen, S.25.

90 SAdK, Nerlinger-Archiv, Nr. 77.

91 So bei Ulrich Kuhirt (Hg.): Kunst der DDR 1945-1959, Leipzig 1982.

92 Arnolt Bronnen: Deutschland. Kein Wintermärchen. Eine Entdeckungsfahrt durch die Deutsche Demokratische Republik, Berlin 1956, S.173.

93 Sekretariat des Rats des Bezirks Frankfurt, Springer, zit. in: Beier (Hg.), S.167.

94 Ilse Spittmann, Karl Wilhelm Fricke (Hg.): 17. Juni 1953. Arbeiteraufstand in der DDR, Köln 1982, S.8; allgemein Armin Mitter, Stefan Wolle: Untergang auf Raten. Unbekannte Kapitel der DDR-Geschichte, München 1993, S. 27 passim.

95 Beschlossen auf der 13. Tagung des ZK der SED am 13./14.5.1953

96 Günter Fromm: Nieder mit der Regierung! Der 17. Juni in Stalinstadt und Fürstenberg/Oder, in: Arbeitsgruppe Stadtgeschichte (Hg.), S. 138-148, hier S.138. Bericht der SED-Kreisleitung v. 26.3.1953.

97 Richter u.a., S.49.

98 Zit.n. Fromm, S.143, Protokoll der Belegschaftsversammlung des Gleisbau Cottbus v. 18.6.1953.

99 Dagmar Semmelmann: Schauplatz Stalinstadt/EKO. Erinnerungen an den 17. Juni 1953, 2 Teile, Potsdam 1993, hier Teil 1; leider werden nur EKO-Angehörige, nicht aber ehemalige Bauarbeiter befragt.

100 Richter u.a., S. 52 ff.

101 Bericht des Sekretärs des Rats des Bezirkes Frankfurt an Ministerpräsident Grotewohl v. 10.7.1953, Bundesarchiv Berlin-Lichterfelde, Stiftung Archiv der Parteien und Massenorganisationen der DDR (BA, SAPMO), NY 4090, Bl. 104 ff, zit.n.: Der 17. Juni 1953 in Stalinstadt. Eine Dokumentation, in: Beier (Hg.), S. 159-169, hier S.166.

102 Protokoll der Stadtverordnetenversammlung v. 31.8.1953, zit.n. Fromm, S.146. Gemeint ist wohl das Ministerium für Aufbau.

103 Das nachfolgende Kapitel stützt sich, wo nicht anders angegeben, auf May, S.195-211.

104 Prinzip der doppelten Unterstellung, vgl. May, S. 211.

105 May, S. 220, S. 222, Protokoll der Stadtverordnetenversammlung v. 19.8.1953.

106 Durth u.a., S. 402.

107 Seidel, S.78.

108 BA Potsdam, Sign. 07-8/2, Schreiben an das Ministerium für Aufbau v. 6.2.1951

109 Ebd., Ministerium für Aufbau an die Deutsche Bauakademie v. 20.3.1951, offensichtlich auf Vorschlag von Kurt Leucht.

110 Ebd., Ministerium für Aufbau v. 28.7.1951.

111 Durth u.a., S. 404.

112 Kampagne der Arbeitsorganisation, 1959 ausgehend von der Brigade "Mamai" im Bitterfelder Revier.

113 Städtisches Museum Eisenhüttenstadt (SME), Do 3670/90, Hüttenfestspiele, Beschluß der Parteiaktivtagung, undat., Dez. 1959.

114 Art. Kulturpolitik, in: Heinz Kuster, Harald Kleinschmidt (Hg.): DDR Handbuch, Berlin, 3. Aufl. 1985, Bd.1, S.767-776.

115 SME, Do 3670/90, FDGB, Kommission Kulturelle Massenarbeit, Vorlage über den Stand der kulturellen Massenarbeit in den Produktionsabteilungen unter besonderer Berücksichtigung der Hilfe des Hauses der Gewerkschaften zur Entwicklung der kulturellen Selbstbetätigung, 6 S.

116 Ebd., Betriebsparteiorganisation des EKO v. 13.1.1960, Plan zur Entwicklung des Wettbewerbs auf dem Gebiet der kulturellen Massenarbeit für das Jahr 1960 unter besonderer Berücksichtigung der Vorbereitung der Feierlichkeiten anläßlich des 10. Jahrestags der Gründung des EKS

und Stalinstadts, 11 S.

117 Ebd., Vorlage für das Sekretariat der SED Bezirksleitung v 21.4.1960.

118 November 1951 gegründet, um durch freiwillige Arbeitsleistung und Geldspenden den Aufbau Berlins zu fördern, später auf die gesamte DDR ausgedehnt. Das NAW wurde durch die Intitiative "Schöner unsere Städte und Gemeinden – Mach Mit!" abgelöst.

119 Wolfgang Anton: 10 Jahre Stalinstadt, in: Arbeitsgruppe Stadtgeschichte (Hg.), S. 152-157.

120 SME, Do 3670/90, Vorlage v. 21.4.1960.

121 Vorlage undatiert. Kopien der Vorgänge wurden dem Autor dankenswerterweise von Jochen Cerny zur Verfügung gestellt.

122 Konzept für die Festschrift "10 Jahre Stalinstadt" v. 25.4.1960, detaillierte 14-seitige Vorlage, deren Autor nicht bekannt ist und die am 28.4.1960 parteiintern diskutiert wurde; vgl. Protokoll der "Zusammenkunft der Genossen über die Festschrift" v. 28.4.1960.

123 SME, Ma 2/88.

124 SME, Do 3670/90, undatiert.

125 Georg Rahm: Zu Besuch in der jüngsten Stadt der DDR, in: Urania-Jahrbuch 1 (1955), S.117-123.

126 Sieglinde Uebel: Ich bin aus Stalinstadt, in: Urania-Jahrbuch 7 (1961), S.435-442.

127 Vgl. Andreas Ludwig: Menschenbilder: Der sozialistische Mensch. Zur Konstitution eines Idealtyps am Beispiel der frühen Jahre Eisenhüttenstadts, in: Beier (Hg.), S. 323-331.

128 Interview mit Jean Kurt Forest, Transkript in: Stiftung Archiv der Akademie der Künste, Sign. 460. Die Oper wurde 1961 unter dem Titel "Damals an der Oder" uraufgeführt, jedoch auf Wunsch des Komponisten bald nicht mehr zur Aufführung zugelassen.

129 Karl Mundstock: Wo der Regenbogen steigt. Skizzen, Halle/Saale 1970, S.67 ff.

130 Uebel, S. 411, S. 442.

131 Helmut Preißler: Briefe aus Stalinstadt im Jahre 1963, Wurfsendung, 1958. Redaktioneller Zusatz: "Die Angaben über Bauten und andere Objekte beruhen auf Planung und werden bis zum Jahre 1963 verwirklicht."

132 Zu den Daten im folgenden, wo nicht anders angegeben, Richter u.a., S.59 ff.

133 Hier und im folgenden Rainer Weinert: Technische Innovationen im Eisenhüttenkombinat Ost (EKO) als Entscheidungsproblem der Wirtschaftsführung der DDR, in: Eisenhüttenstadt. COMPARATIV 9 (1999), H.3, S.52-85

134 Beschluß des Politbüros vom 21.3.1978 zur Entwicklung der Schwarzmetallurgie und vom 26.6.1979 zum Ausbau des EKO.

135 Vgl. Wolfgang Anton: Pendler und Zuzügler. Eine Industriegesellschaft formiert sich, in: Arbeitsgruppe Stadtgeschichte (Hg.), S.128-130, S.129. Aus Frankfurt zum 1.12.1955 562 Personen, aus Guben 768 Arbeitskräfte.

136 Übersicht über die Entwicklung der Baubetriebe von Siegrid Retzlaff in: Arbeitsgruppe Stadtgeschichte (Hg.), S.172.

137 Die Ausführungen zur Architektur und Stadtplanung folgen Thomas Topfstedt: Städtebau in der DDR 1955-1970, Leipzig 1988; ders: Abschied von der Utopie. Zur städtebaulichen Entwicklung Eisenhüttenstadts seit Mitte der fünfziger Jahre, in: Beier (Hg.), S.89-98, wo nicht anders angegeben.

138 Gabriele Haubold: Moderne Zeiten oder Das Ende der Gemütlichkeit, in: Arbeitsgruppe Stadtgeschichte (Hg.), S.187-193.

139 May, S. 304, S.324.

140 Interview mit Herbert Härtel, in: Arbeitsgruppe Stadtgeschichte (Hg.), S.174-182.

141 Stadtverwaltung Eisenhüttenstadt: Städtebaulicher Ideenwettbewerb Stadtzentrum Eisenhüttenstadt. Dokumentation, Ms. 1993.

142 Hilmar Pabel: Stalinstadt an der Oder – Deutschlands jüngste Stadt, in: Quick Nr.12 v. 19.3.1955.

143 Richter u.a., S. 243.

144 Stat. Jb. 1973 Bezirk Frankfurt Oder, S.182; Stat. Jb. 1990 Bezirk Frankfurt, S.155, S.160.

145 Rat der Stadt Eisenhüttenstadt (Hg.): 30 Jahre Eisenhüttenstadt, Eisenhüttenstadt 1980, S.64.

146 1989 47 Prozent, vgl. Stat. Jb. 1990 Bezirk Frankfurt/Oder, S.44 f; Stat. Jb. 1973 Bezirk Frankfurt/Oder, S.72; Stat. Taschenbuch 1961 Stadtkreis Stalinstadt, S.26.

147 Vgl. Beschreibung in Anton, Pendler.

148 Marie-Luise Recker: Industrielle Stadtgründungen, in: Informationen zur modernen Stadtgeschichte 1994, H.1, S.5-8.

149 Einführend Ortwin Reichold (Hg.): ... erleben, wie eine Stadt entsteht. Städtebau, Architektur und Wohnen in Wolfsburg 1938-1998, Wolfsburg 1998; Wolfgang Benz (Hg.): Salzgitter. Geschichte und Gegenwart einer deutschen Stadt 1942-1992, München 1992.

150 Vgl. Dorothée Kohler: Der Stahlstandort Eisenhüttenstadt: ein "sozialistisches" Fos-sur-Mer? in: Eisenhüttenstadt. COMPARATIV 9 (1999), H.3, S.33-51.

151 Brigitte Reimann(1933-1973): Ankunft im Alltag. Erzählung, 1961; Franziska Linkerhand. Roman, 1974.

152 Durth u.a. Bd.1, S.507.

153 Topfstedt, Städtebau, S.31 ff; Gesellschaft für Heimatkunde Hoyerswerda (Hg.): Anspruch und Wirklichkeit. 40 Jahre Hoyerswerda-Neustadt 1955-1995, Hoyerswerda 1995.

154 Ursprünglich war Müllrose, ca. 30 Kilometer von Eisenhüttenstadt, als Standort gewählt worden.

155 Topfstedt, Städtebau, S. 37 ff.

156 Ebd., S. 41 ff; Magistrat der Stadt Halle, Projektgesellschaft mbh Dessau (Hg.): Stadterneuerung als Prozeß demokratischer und kultureller Weiterentwicklung. Perspektiven für Halle-Neustadt, Dessau 1993.

157 Statistisches Jahrbuch der DDR, 1962, S.3, S.21; Statistisches Jahrbuch der DDR 1989, S.2-6, S.75.

158 Günter Fromm: Wende und basisdemokratische Bewegung in Eisenhüttenstadt seit 1989, in: 10 Jahre danach. Kreiskalender Oder-Spree 1999, S.27-34; ders.: Vor zehn Jahren: Wende in der DDR, in: Heimatkalender 1999 Eisenhüttenstadt und Umgebung, S.33-46.

159 Bei EKO haben wir die Wende am 5. Dezember eingeleitet. Gespräch mit Günter Reski, in: Arbeitsgruppe Stadtgeschichte (Hg.), S.233.

160 Stadt Eisenhüttenstadt: Statistischer Jahresbericht 1998.

161 Dirk Meyhöfer, Harf Zimmermann: Utopie in Stein, in: ZEIT Magazin Nr. 44 v. 29.10.1993.

162 Am 27. Juli 1950 von der Regierung der DDR beschlossen, in: Ministerialblatt der DDR Nr.25

v.16.9.1950, abgedruckt u.a. bei May, S.98.

163 BA Potsdam, DH 2/A/29, Protokoll der Begehung vom 20. Oktober 1950.

164 StA EHS, SVV 1953, abgedruckt bei Richter u.a., S.53.

165 Stadt Eisenhüttenstadt: Statistischer Jahresbericht 1998, S.184 f.

166 Stadt Eisenhüttenstadt: Statistischer Jahresbericht 1998, S.27. Die Zahlenangaben beziehen sich auf die Statistischen Bezirke, ihre Zuordnung zu den Stadtteilen weicht von denen der Statistik ab.

8. Auswahl-Bibliographie

Die Auswahlbibliographie enthält allein die wesentlichste Literatur über Eisenhüttenstadt. Weitere Werke sind in den Fußnoten zum Text verzeichnet.

Allgemeines

10 Jahre Heimatkalender für den Stadt- und Landkreis Eisenhüttenstadt (1983-1992) (Gesamtbibliographie), in: Heimatkalender 1993, S.90-96

Kausch, Werner: Auswahlbibliographie. Publikationen zur Geschichte der örtlichen Arbeiterbewegung, zur Betriebs- und Territorialgeschichte des Bezirkes Frankfurt (Oder), Frankfurt (Oder) 1988

Rat der Stadt Eisenhüttenstadt, Abt. Kultur, Rat des Kreises, Abt. Kultur, Jugendfragen, Körperkultur und Sport (Hg.): Heimatkalender für den Stadt- und Landkreis Eisenhüttenstadt Jgg. I – VIII, 1983-1990; *Rat der Stadt, Stadtverwaltung, Amt für Schule und Kultur, Kreisverwaltung, Amt für Soziales, Gesundheit und Kultur* (Hg.): Heimatkalender für den Stadt- und Landkreis Eisenhüttenstadt, Jgg. IX-XI, 1991-1993; *Stadtverwaltung Eisenhüttenstadt, Sachgebiet Presse- und Öffentlichkeitsarbeit* (Hg.): Heimatkalender Eisenhüttenstadt und Umgebung, Jg. XII, 1994 ff

Unser Friedenswerk. *Betriebszeitung für die Belegschaft des Eisenhüttenkombinats Ost,* hg. von der SED-Betriebsgruppe, 1951 ff (wöchentl.)

Rat der Stadt Eisenhüttenstadt/Stadtverwaltung Eisenhüttenstadt (Hg.): Kulturspiegel (ab 1991 u.d.T. Stadtspiegel) (monatl.)

Arbeitsgruppe Stadtgeschichte (Hg.): Eisenhüttenstadt. „Erste sozialistische Stadt Deutschlands", Berlin 1999

Gansleweit, Klaus-Dieter u.a. (Hg.): Eisenhüttenstadt und seine Umgebung. Ergebnisse der heimatkundlichen Bestandsaufnahme im Gebiet zwischen Oder, Neiße und Schlaubetal um Eisenhüttenstadt und Neuzelle, Berlin 1986

Richter, Jenny; Förster, Heike; Lakemann, Ulrich: Stalinstadt – Eisenhüttenstadt. Von der Utopie zur Gegenwart. Wandel industrieller, regionaler und sozialer Strukturen in Eisenhüttenstadt, Marburg 1997

Vom Vertrauten zum Ungewissen – Sozialer Wandel in Eisenhüttenstadt, in: *Lauhardt, Werner; Meyer, Karl-Heinz*: Mensch und Politik. Transformationen, Hannover 1995

Geschichte

Bahro, Berno; Opitz, Erich u.a.: Chronik der ersten Jahre. Eine regionale Quellensammlung für Fürstenberg/Oder und Umgebung, 1945-1949, Eisenhüttenstadt o.J. (1994)

Beier, Rosmarie (Hg.): aufbau west aufbau ost. Die Planstädte Wolfsburg und Eisenhüttenstadt in der Nachkriegszeit. Buch zur Ausstellung des Deutschen Historischen Museums vom 16. Mai bis 12. August 1997, Ostfildern-Ruit 1997

Betriebsparteiorganisation des VEB Bandstahlkombinat „Hermann Matern", Eisenhüttenkombinat Ost (Hg.): Unser Friedenswerk. Betriebsgeschichte des VEB Bandstahlkombinat „Hermann Matern" Eisenhüttenkombinat Ost, Teil 1: Sein Name ist uns Verpflichtung. Vom schweren Anfang; Teil 2: Das Kollektiv der Hüttenwerker festigt sich im Klassenkampf; Teil 3: Der Riese an der Oder reckt sich, Neubrandenburg u. Neustrelitz, 1973-1980

Bräuer, Heinz: Die ersten drei Jahrzehnte der evangelischen Friedensgemeinde Eisenhüttenstadt, Eisenhüttenstadt 1991

Cerny, Jochen: EKO. Eisen für die Republik, Berlin 1984 (= Illustrierte Historische Hefte, 34)

Cerny, Jochen: Stalinstadt – Erste sozialistische Stadt Deutschlands, in: Beiträge zur Geschichte der Arbeiterbewegung 38 (1996), H.1, S.31-43

Materna, Ingo; Ribbe, Wolfgang (Hg.): Brandenburgische Geschichte, Berlin 1995

Niethammer, Lutz: Annäherung an den Wandel. Auf der Suche nach der volkseigenen Erfahrung in der Industrieprovinz der DDR, in: BIOS. Zeitschrift für Biographieforschung und Oral History, 1988, H.1

Niethammer, Lutz; Plato, Alexander von; Wierling, Dorothee: Die volkseigene Erfahrung. Eine Archäologie des Lebens in der Industrieprovinz der DDR. 30 biographische Eröffnungen, Berlin 1991

Pegert, Willi: Zeittafel zur Geschichte des VEB EKO und seines Territoriums (einschließlich Vorgeschichte bis 1986), Ms, Eisenhüttenstadt o.J.

Schultz, Helga: Die Oderregion in wirtschafts- und sozialhistorischer Perspektive, in: dies., Alan Nothnagle (Hg.): Grenze der Hoffnung. Geschichte und Perspektiven der Grenzregion an der Oder, Potsdam 1996, S.79-113 (= Frankfurter Studien zur Grenzregion, Bd.1)

Semmelmann, Dagmar: Schauplatz Stalinstadt/EKO. Erinnerungen an den 17. Juni 1953, 2 Teile, Potsdam 1993

Städtisches Museum Eisenhüttenstadt (Hg.): Beiträge zur Geschichte Eisenhüttenstadts. Regionalgeschichtliche Veröffentlichung des Städtischen Museums Eisenhüttenstadt, 2 Bde., Eisenhüttenstadt 1986, 1989

Tillmann, Michael: Das Verhältnis von Staat und Kirche am Beispiel Stalinstadt in den fünfziger Jahren, Staatsexamensarbeit Universität Potsdam 1995

Architektur

Akademie der Künste, Abteilung Baukunst (Hg.): Eisenhüttenstadt. Vor-Ort-Seminar in Eisenhüttenstadt, 13.-19.Oktober 1993. Dokumentation, Berlin 1994

Auf dem Wege zu einer sozialistischen deutschen Architektur, in: Deutsche Architektur 2 (1953), H.3, S. 99-101

Barth, Holger (Hg.): Projekt Sozialistische Stadt. Beiträge zur Bau- und Planungsgeschichte der DDR, Berlin 1998

Durth, Werner; Düwel, Jörn; Gutschow, Niels: Architektur und Städtebau in der DDR, Bd.1: Ostkreuz. Personen, Pläne, Perspektiven; Bd.2: Aufbau. Städte, Themen, Dokumente, Frankfurt/New York 1998

Durth, Werner; Gutschow, Niels: Eisenhüttenstadt. „Schöne Städte für ein schönes Leben", in: Brandenburgische Denkmalpflege 4 (1995), H.1, S.31 ff

Kil, Wolfgang: Der letzte Monolith. Baudenkmal Stalinstadt, in: Bauwelt 1992, H.10, S.497 ff

Knauer-Romani, Elisabeth: Eisenhüttenstadt und die Idealstadt des 20. Jahrhunderts, Weimar 2000

Leucht, Kurt W.: Die erste neue Stadt in der DDR. Planungsgrundlagen und -ergebnisse von Stalinstadt, Berlin 1957

May, Ruth: Planstadt Stalinstadt. Ein Grundriß der frühen DDR – aufgesucht in Eisenhüttenstadt, Dortmund 1999

Seidel, Andreas: Eisenhüttenstadt – Erste sozialistische Stadt Deutschlands. Untersuchung einer sozialistisch-humanistischen Stadt- und Freiraumplanung und konzeptionelle Überlegungen zur Entwicklung der Beziehung von Stadt und Landschaft im Kontext der 1990er Jahre, Dipl. Arbeit TU Berlin 1995

Topfstedt, Thomas: Eisenhüttenstadt: Die Magistrale zum Kombinat, in: Neue Städte aus Ruinen. Deutscher Städtebau der Nachkriegszeit, München 1992, S.138-147

Topfstedt, Thomas: Städtebau in der DDR 1955-1970, Leipzig 1988

Wirtschaft und Betriebe

Hartmann, U.; Mühlfriedl, W.: Zur Entwicklung der schwarzmetallurgischen Industrie in der DDR von 1946 bis 1955, in: Jahrbuch für Wirtschaftsgeschichte. Sonderband: Industriezweige der DDR 1945 bis 1985, Berlin 1989, S.273 ff

Kohler, Dorothée: Eisenhüttenstadt: Eine Stahlregion zwischen Plan- und Marktwirtschaft, in: Heiderose Kilper, Dieter Rehfeld (Hg.): Konzern und Region. Zwischen Rückzug und neuer Integration. International vergleichende Studien über Montan- und Automobilregionen, Münster/Hamburg 1994, S. 61 ff

Niebur, J.: Zwischen Stillegung und Privatisierung – Die Sanierung eines Stahlstandortes, in: M. Heidenreich (Hg.): Krisen, Kader, Kombinate – Kontinuität und Wandel in ostdeutschen Betrieben, Berlin 1992, S.95-108

Roesler, Jörg: Die DDR und die sozialistische Industrialisierung in den RGW-Ländern Mittel- und Südosteuropas (fünfziger Jahre), in: Jahrbuch für die Geschichte der sozialistischen Länder Europas 23/1, 1979

Wienert, H.: Die Stahlindustrie in der DDR, Berlin 1992

Literarische Werke, Ortsbeschreibungen und Bildbände

Colditz, Heinz; Lücke, Martin: Stalinstadt. Neues Leben – neue Menschen, Berlin 1958

Glade, Heinz: Begegnungen in Stalinstadt, Berlin 1961

Hofmann, Harry; Oldenburg, Ernst: Stalinstadt, Dresden 1960 (= Kleine Städtereihe, Bd.7)

Knappe, Joachim: Mein namenloses Land. Zwölf Kapitel einer Jugend im Dickicht der Jahrhundertmitte, Halle (Saale) 1965

Köhler, Tilo: Kohle zu Eisen – Eisen zu Brot. Die Stalinstadt, Berlin 1994

Köhler, Tilo: Lust am Schaffen – Freude am Leben. Die Stalinwerke, Berlin 1995

Konrad-Adenauer-Stiftung, Journalistische Nachwuchsförderung: Tor oder Grenze. Frankfurt an der Oder; Auf Stahl gebaut. Eisenhüttenstadt – ein Ideal verfällt, o.O. 1993

Marchwitza, Hans: Chorkantate Eisenhüttenkombinat Ost, o.O., o.J

Marchwitza, Hans: Roheisen. Roman, Berlin 1955

Mundstock, Karl: Helle Nächte. Roman, Halle 1953

Mundstock, Karl: Wo der Regenbogen steigt, Halle 1970

Rat der Stadt Eisenhüttenstadt (Hg.): Synthese Architektur und Bildende Kunst, Eisenhüttenstadt 1976

Rat der Stadt Eisenhüttenstadt (Hg.): Eisenhüttenstadt. Architektur – Denkmale – Bildende Kunst, o.O. 1988

Stadtverwaltung Eisenhüttenstadt, Abteilung Presse- und Öffentlichkeitsarbeit; Gebäudewirtschaft Eisenhüttenstadt (Hg.): Eisenhüttenstadt. Architektur – Skulptur – Stadtbilder, Eisenhüttenstadt 1998

Abbildungsnachweis

Petra Gall, Titel/2
Colditz/Lücke, 33, 36
Deutsche Architektur, 49
Geheimes Staatsarchiv Preußischer Kulturbesitz, Kartenabteilung, 11
Hofmann/Oldenburg, 53, 76
Andreas Ludwig, 84, 85, 86, 107
Stadtarchiv Eisenhüttenstadt/Fricke, 38, 50
Stadtplanungsamt Eisenhüttenstadt/Peukert, 88
Städtisches Museum Eisenhüttenstadt, 61
Stiftung Archiv Akademie der Künste, 60
Wolfgang Timme, 82, 87, 89, 91, 92
Wienert, 24